Corinna Geffert

Der Sprung ins Vertrauen

Eine Reise in die innere Freiheit

1. Auflage 2024

Bibliografische Information der Deutschen Nationalbibliothek:
Die Deutsche Nationalbibliothek verzeichnet diese Publikation in der
Deutschen Nationalbibliografie; detaillierte bibliografische Daten sind
im Internet über dnb.dnb.de abrufbar.

Instagram: https://www.instagram.com/corinna.geffert
LinkedIn: https://www.linkedin.com/in/corinna-geffert-394465177
Facebook: https://www.facebook.com/corinna.geffert
Website: www.corinnageffert.com

Titelbild: Corinna Geffert
Lektorat und Redaktion: Karen Christine Angermayer · www.angermayer-sorriso.com
Korrektorat: Bianca Weirauch · www.lektorat-weirauch.de
Satz/Umschlaggestaltung: Jan Engel · www.grafik-je.de

Verlag: BoD · Books on Demand GmbH, In de Tarpen 42, 22848 Norderstedt
Druck: Libri Plureos GmbH, Friedensallee 273, 22763 Hamburg

ISBN: 978-3-7597-3563-8

Danksagung

Dies ist ein Roman, der zeigt, wie eine persönliche Veränderung und inneres Wachstum in einer Geschichte erlebbar gemacht werden können. Ohne einige besondere Menschen in meinem Leben wäre das Buch nicht entstanden.

Herzlichen Dank an meine Mentorin Kerstin Bischoff, die mich auf meiner transformativen Reise begleitet und dabei unterstützt hat, mutig meinen Weg zu gehen, in meine innere Freiheit zu kommen und dem Leben zu vertrauen.

Ein großer Dank an Karen Christine Angermayer, die mich in dem Prozess, diesen Roman zu veröffentlichen, unterstützt und mein Buch lektoriert hat. Von ihr durfte ich alles Notwendige lernen, um diese Geschichte schreiben zu können.

Vielen Dank an Bianca Weirauch für das Korrektorat und den letzten Feinschliff sowie an Jan Engel für die grafische Gestaltung.

Weiterer Dank an alle Menschen, die mich auf dieser Reise und bei meinem Buch begleitet und an mich geglaubt haben.

Danke an die Leserinnen und Leser, die meinen Roman lesen und die Geschichte miterleben wollen.

Vorwort

Eine junge Frau strebte ihr ganzes bisheriges Leben lang in sämtlichen Lebensbereichen und auf so vielen Ebenen immer nach Höchstleistungen. Sie ging, ohne es wirklich zu merken, mit den Männern im beruflichen Umfeld in Konkurrenz. Eine private Radtour wurde zum Wettbewerb, weil für sie nicht der Weg das Ziel war, sondern wer zuerst das Ziel erreichte. Und wenn sie dann noch schneller in die Pedale treten konnte als ein sportlicher Mann, verschaffte ihr das tiefe Entlohnung. Sämtliche Banalitäten ihres Lebens konnte diese Frau in Zahlen, Daten und Fakten bemessen, einsortieren und bewerten. Es musste immer höher, schneller, weiter gehen und das nächste Feedbackgespräch mit dem Chef noch besser für sie ausfallen als das letzte. Und so war sie gefangen im Hamsterrad der Leistung und im Glauben, dass Erfolg harte Arbeit sein musste. Fernab von irgendeiner Verbundenheit mit sich selbst, mit anderen und der Welt.

In meinem Erleben ein perfektes Beispiel dafür, wie zahlreiche Menschen unserer Gesellschaft von Kindesbeinen an konditioniert sind, nach Anerkennung zu streben, immer besser zu sein als die anderen und jeden Tag nur zu funktionieren. Eine Gesellschaft, die sich, ohne es zu merken, in eine Dynamik hineinmanövriert hat, in der die männlichen Qualitäten wie Leistung, Erfolg, Gewinnmaximierung und Härte viel höher bewertet werden als die weiblichen Qualitäten eines Menschen, zu denen Ruhe, Sanftheit, Geduld und Intuition zählen.

Für diese besagte Frau begann sich alles zu verändern, als sie eines Sommers eine Reise antrat. Anfangs war es einfach nur eine Reise. Doch in dem Moment, als sie von einem Felsen am Meer heruntergespült wurde, tränenüberströmt und völlig entkräftet am Boden lag, begann für diese bezaubernde Frau immer mehr eine Reise zu sich selbst und ins Hier und Jetzt des eigenen Lebens.

Die authentische Art, in der Corinna schreibt, macht das Lesen der Erlebnisse und inneren Verwandlungen von Marie wunderschön miterlebbar, sodass sie mit ihrem ersten Buch ein Werk erschuf, das vielen Menschen Mut machen darf, ihre eigene Transformationsreise weg von Leistung hin zu Balance und Gegenwärtigkeit anzutreten. Ich bewundere den Weg, den Corinna bis heute mutig gegangen ist. Sie hat gelernt, echt zu sein, egal, wem sie begegnet oder was sie tut. Ganz besonders dankbar bin ich, mich als eine intensive Wegbegleiterin dieser talentierten Autorin bezeichnen zu dürfen. Ein Satz ist mir immer besonders in Erinnerung: »Ich leiste eigentlich noch mehr als früher, aber irgendwie ist es nicht mehr anstrengend und ich brauche weniger als die Hälfte der Zeit dafür.« Wer möchte das nicht von sich sagen können?

Du kannst stolz auf Dich sein, Corinna.
Danke, dass ich dieses Vorwort für Dich schreiben durfte.
Dir ist ein wunderschönes Erstwerk gelungen.

Kerstin Bischoff
Trainerin, Mentorin, Coachin

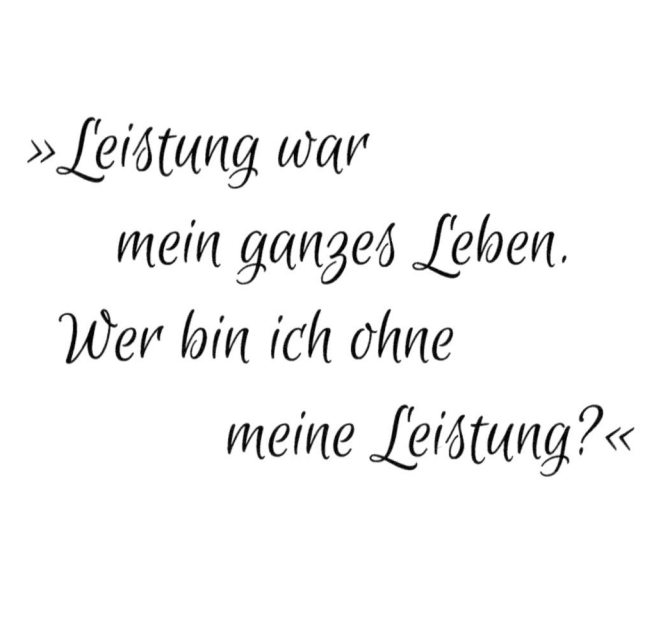

»Leistung war
mein ganzes Leben.
Wer bin ich ohne
meine Leistung?«

1. Der Felsen

Während die Sonne über den Ozean erstrahlte, trugen mich meine Füße über den weichen, warmen Sandstrand. Ein sanfter Wind strich durch mein Haar. Die Wärme der Sonne und der salzige Meeresduft umhüllten mich. Als einige Felsen meinen Weg kreuzten, kletterte ich hinauf. Vor mir erstreckte sich der Ozean in einer wunderschönen Bucht. Als ich mich auf den Felsen setzte, hörte ich, wie die Wellen rhythmisch dagegenschlugen und meine Füße berührten. Ein Ort, der nicht hätte traumhafter sein können. Ich konnte noch nicht ahnen, dass diese Reise mein gesamtes Leben verändern würde. Ein Gefühl sagte mir, ich müsste glücklich sein, doch ich war es nicht. Stattdessen spürte ich Schwere. Ich blickte auf den unendlichen Ozean, betrachtete die Weite des Horizonts und spürte eine tiefe Sehnsucht nach Freiheit, Lebendigkeit und Frieden. Ich versuchte, mich daran zu erinnern, wann ich diese Gefühle das letzte Mal gespürt hatte. Es gelang mir allerdings nicht, denn ich lebte für die Leistung und vergaß mich dabei oft.

»Ich nehme nicht am Leben teil. Das kann nicht alles gewesen sein. Ich lebe doch nicht nur für die Leistung«, flüsterte ich, während mein Herz vor Aufregung stärker schlug.

Es zog sich alles in mir zusammen, mein Magen formte einen großen Knoten, Hitze stieg in mir auf und meine Atmung wurde immer flacher, bis schließlich mein Körper zusammensackte. Ich hielt meine Worte selbst nicht aus.

»Alles ist so eng, die Leistung erdrückt mich!«, wollte ich aussprechen, doch meine Stimme versagte.

Mittlerweile lag ich eingerollt auf dem Felsen und rang nach Luft. Alles gut. Alles gut … Ich versuchte, mich selbst zu beruhigen. Doch mein Herz pochte immer schneller, die Tränen liefen mir sogar schon ins Ohr. Ich wurde immer schwächer und die Wellen immer stärker, bis sie mich schließlich von dem Felsen herunterspülten. Ich landete direkt hinter dem Felsen im Sand, erschrak und wollte schreien, doch mir fehlte die Luft dazu. Als ich aufstand, versuchte ich, mich zu sortieren. Wo war ich? Was war hier los? Mein gesamter Körper zitterte und war von Sand bedeckt. Ich schwitzte so stark, dass der Sand feucht geworden war. Ich rannte wie wild hin und her, doch hielt die Hitze nicht aus. Alles in mir wurde enger und enger. Ich erkannte mich kaum wieder. Der Strand war menschenleer und ich war froh, dass mich niemand in diesem Zustand sehen konnte. Ich weinte weiter und versuchte, in das Meer zu gehen, um mich von außen abzukühlen und mich wieder zu beruhigen.

Doch der kraftvolle Ozean ließ mich nicht zu sich und schickte mir immer höhere Wellen. Ich konnte nicht verstehen, warum ich es nicht schaffte, ins Meer zu kommen. Ich stand schließlich in der Brandung und das Wasser bedeckte lediglich meine Füße! Ich kämpfte gegen die Wellen. Obwohl sie an dieser Stelle kleiner waren als einige dahinter, kam ich nicht voran. Eine nach der anderen kam auf mich zugerollt, zog mich nach links, zog mich nach rechts.

»Du bist so kraftvoll und ich bin so kraftlos. Warum gibst du mir nicht deine Kraft?«, rief ich dem Ozean verzweifelt zu, bis ich in die Knie sackte und meinen Kopf zum Horizont streckte.

Meine Hände sanken tiefer in den nassen Sand, der immer mehr nachgab. Die Unendlichkeit des Ozeans machte mich noch schwächer. Ich fühlte mich verloren. Schlagartig drehte ich meinen Körper mit der Kraft, die mir noch blieb, um, ließ mich auf den Bauch fallen und rollte mich ein. Das Wasser floss von meinen Füßen bis zu meinem Oberkörper, mein Kopf lag tränenüberströmt im Sand. Wieder rang ich nach Luft.

»Ich verliere mich selbst«, murmelte ich vor mich hin.

Plötzlich berührte mich etwas Warmes auf meiner rechten Schulter. Reflexartig sprang ich auf und lief ein paar Meter weg. Wer war das? Ich drehte mich um und sah einen Mann vor mir. Was wollte er von mir? War das, was hier gerade passiert war, nicht schon genug? Während ich meine Tränen wegwischte, kam er auf mich zu, hielt jedoch Abstand und streckte seine Hand aus.

»Hi, mein Name ist Chris. Ist mit dir alles in Ordnung?«, fragte er.

Seine Stimme klang ruhig. Ich drückte seine Hand, bekam jedoch kein Wort heraus. In diesem Moment durchwühlte der Wind sein Haar. Er ließ meine Hand los und richtete es lässig zur Seite. Ich lachte und strahlte zugleich. Meine Unruhe und Verzweiflung, die ich vor wenigen Augenblicken noch gespürt hatte, waren plötzlich wie weggeblasen. Lag es an seiner Gegenwart? Seine blauen Augen leuchteten wie Sterne und zogen mich in ihren Bann.

»Warum lachst du?«, fragte er mich.

Meine Lippen wollten erst etwas antworten. Doch dann lächelte ich ihn nur an. Seine Ausstrahlung ruhig und zugleich lebendig. Die Sonne schien auf seine gebräunte Haut. Seine Muskeln wirkten trainiert.

»Es braucht dir nicht unangenehm sein zu weinen«, durchbrach er die Stille.

»Tränen sind etwas Wunderschönes, sie können deine Seele reinigen und dich heilen«, sagte er.

Ich nahm seine Hand, während ich in seine Augen schaute. Ich konnte nicht anders, ich musste ihn berühren, denn ich wollte begreifen, ob das, was hier geschah, nur ein Traum war. Er drückte meine Hand und strahlte über sein gesamtes Gesicht. Seine Augen funkelten jetzt noch stärker und unser Blick wurde mit jedem Moment tiefer. Alles stand still und ich spürte eine friedvolle Ruhe. Ich umarmte ihn. Zwischen uns war eine Verbundenheit, wie ich sie noch nie in meinem Leben empfunden hatte. Er umschloss mich, sodass ich sein Herz schlagen spürte.

»Ich heiße Marie«, sagte ich, als ich die Umarmung löste. »Du kommst mir sehr vertraut vor«, fügte ich hinzu.

»Schön, dich kennenzulernen, Marie. Ich habe auch noch nie so eine Tiefe mit jemandem gefühlt«, erwiderte er, ohne zu zögern.

Bevor ich etwas sagen konnte, sprach er weiter.

»Bitte verstehe mich nicht falsch. Ich will dich nicht nach einer Verabredung fragen. Es fühlt sich an, als wärst du eine Art Schwester für mich«, sagte er freudig.

»Hast du eine Schwester?«, platzte es aus mir heraus.

Er fasste sich an seinen Hals und sah zu Boden.

»Ich hatte eine Zwillingsschwester«, sagte er leise.

Der Gedanke an sie schien ihn traurig zu machen.

»Versteht ihr euch nicht?«, fragte ich ihn, doch dann sah ich, wie seine eben noch leuchtenden Augen trüb und leer wurden. »Oh, ist etwas mit ihr passiert?«, korrigierte ich mich.

Er nickte. »Sie starb kurz vor unserer Geburt. Ich bin allein aufgewachsen«, antwortete er. »Ich habe es erst vor einigen Jahren erfahren. Es traf mich sehr, doch ich bekam auch Antworten. Antworten darauf, warum ich im Mangel lebte. Antworten, warum ich mich ständig unsicher und einsam fühlte. Antworten, warum mir etwas im Leben fehlte. Es fühlte sich an, als ob mir etwas, was zu mir gehört, weggenommen wurde«, beschrieb er mir.

Ich streichelte über seine Schulter.

»Doch vor einem Jahr habe ich ihre Seele losgelassen. Sie ist jetzt frei und zu Hause. Sie wird immer in meinem Herzen sein. Manchmal sehe ich sie, wie sie über mir fliegt und mich beschützt«, fuhr er fort.

Seine Worte wirkten tröstlich und gleichzeitig traurig. Ich nahm seine Hand und schaute ihm tief in die Augen. Dabei legte ich meine linke Hand auf mein Herz.

»Oh, Chris«, sagte ich mitfühlend.

Während die Wellen immer wilder gegen die Felsen schlugen, suchte ich nach Worten. Er nickte kurz, lächelte mir zu und ich sah, wie seine Augen wieder wie Sterne funkelten. Das freute mich.

»Danke«, erwiderte er.

»Du brauchst nichts zu sagen. Ich spüre, was du sagen möchtest.«

Wir sahen eine Weile gemeinsam aufs Wasser. Seine Geschichte hatte mich sehr bewegt.

Ich hörte, dass der Ozean ruhiger wurde, die Wellen klatschten nicht mehr gegen die Felsen und sogar der Wind stoppte. Doch das war in diesem Moment alles unwichtig. Die gesamte Umgebung war in einer solchen Ruhe, dass ich sogar vergessen hatte, wie sehr ich am Boden zerstört war, bevor ich Chris traf. Wir standen einige Minuten da und ich spürte, wie Dankbarkeit in mir aufstieg und mein Herz wärmer wurde.

»Als ich dich vorhin dort fand, warst du in keinem guten Zustand. Was ist passiert? Magst du darüber sprechen?«, fragte er mich.

Als ich nickte, nahm er meine Hand und wir setzten uns auf eine rote Bank direkt hinter dem Felsen, von dem ich hinuntergespült worden war. Ich war erstaunt, wie befreiend und wohltuend er auf mich wirkte. Früher hätte ich nie eingewilligt, sofort darüber zu sprechen. Schon gar nicht mit einem Fremden. Seine Anwesenheit schien dafür zu sorgen, dass es mir leichter fiel. Anstatt einer unangenehmeren Benommenheit konnte ich frei erzählen, ohne etwas zu verschweigen oder schönzureden. Ich stellte fest, dass ich mich zum ersten Mal nicht hinter einer Fassade verstecken musste. Seine Augen und sein Lächeln signalisierten mir, dass er mich nicht verurteilte.

»Was ist passiert?«, wiederholte er seine Frage.

»Ach, weißt du, ich bin hierhergereist, weil ich mehr vom Leben wollte«, antwortete ich. »Eines Tages saß ich bei mir zu Hause am Ammersee und fragte mich, wie das weitergehen soll. Ich hatte einen sehr hohen Leistungsanspruch an mich. Ich wollte immer mehr Leistung erbringen und besser sein als andere Menschen. Ich hatte Erfolg, doch dieser war mir nie genug. Ich kritisierte und verurteilte mich selbst, um noch besser zu werden. Ich lief immer weiter, immer schneller, um noch höher zu kommen. Doch ich wurde müde, jeden Tag mehr. Und obwohl ich müder wurde, stieg mein Leistungsstreben noch stärker an und ich zog mir noch mehr Projekte an Land, um diesen Durst nach Erfolg zu stillen. Es funktionierte auch sehr gut, doch ich hatte nichts anderes mehr im Kopf außer den Projekten.«

Ich sah ihn an.

»Ich habe bewiesen, dass ich es konnte. Das war insgeheim mein Ziel und als ich mein nächstes größtes Projekt erfolgreich abgeschlossen hatte, war ich voller Energie. Doch schon kurze Zeit später merkte ich, dass mir der Erfolg nicht genug war und sich wieder eine Leere in mir ausbreitete. Mir wurde bewusst, dass es mich nicht glücklich macht, immer nur Leistung und Erfolg im Kopf zu haben. Auf diese Art und Weise wollte ich nicht weitermachen. Damals am Ammersee fragte ich mich, wie ich mich fühlen möchte. Es kam immer der gleiche Gedanke. Leistung! Leistung! Leistung! Um etwas anderes ging es in meinem Leben nicht. Ich forschte nach, wollte wirklich wissen, wie ich mich fühle, doch selbst nach einer Stunde des Philosophierens fiel mir nichts ein. Es ging immer wieder um Leistung.

›Leisten ist gut!‹ war der einzige Gedanke, der mir kam«, erzählte ich Chris.

Er hörte mir die ganze Zeit aufmerksam zu.

»Doch dann fiel mir auf, dass Leistung gar kein Gefühl ist. Ich schlug die Hände über meinen Kopf zusammen«, erzählte ich weiter.

»Das kann doch nicht sein, ich schaffe es nicht, mein jetziges Gefühl zu beschreiben! Ich will nicht mehr leisten! Ich will frei sein! Ich will weiblich sein! Ich will lebendig sein. Ich will mein wahres Selbst leben. Ich will echt sein und keine Rollen mehr spielen!«, rief ich wieder und wieder.

Ich sah Chris an.

»Der Moment, in dem ich das alles realisierte, war hart für mich. Kurze Zeit später flog ich los. Und jetzt bin ich hier«, beendete ich meine Ausführungen.

Er nickte ruhig.

»Es überrascht mich total, dass ich dir das alles erzähle. Ich kenne dich doch erst seit heute. Doch bei dir ist alles sehr leicht«, fügte ich hinzu.

»Danke für dein Vertrauen«, antwortete Chris sanft.

»Du hast sehr viel gefühlt, als ich dir meine Geschichte erzählt habe. Ich glaube nicht, dass du nicht fühlen kannst«, sagte er.

Ich lächelte überrascht.

Er fuhr fort: »Dein Mitgefühl und dein Vertrauen bei meiner Geschichte mit meiner Zwillingsschwester waren beeindruckend. Du strahlst sogar sehr viel Mitgefühl aus.«

Ich sah ihn stirnrunzelnd an, denn so, wie er mich beschrieb, hatte ich mich noch gar nicht gesehen.

»Cool, dass du erkannt hast, dass Leistung kein Gefühl ist«, sagte er. Wir mussten beide lachen und konnten gar nicht mehr aufhören.

»Du bist wunderbar, Marie. Und es ist toll, dass du das alles für dich erkannt hast. Ich möchte dir gerne etwas sagen. Darf ich?«

Ich nickte, doch dann sagte ich schnell: »Warte. Du hast gefragt, was los war, als du mich an der Brandung gefunden hast.«

Er nickte.

Ich erzählte ihm, wie sehr ich mich auf dem Felsen nach Freiheit, Lebendigkeit und Frieden gesehnt hatte und nicht mehr so weiterleben wollte wie bisher. Meine Stimme wurde zittrig und ich stoppte kurz, doch dann erzählte ich ihm, wie ich von dem Felsen runtergespült wurde. Auch mein Körper zitterte jetzt. Chris bemerkte es und legte seinen Arm um meine Schulter. Ich legte meinen Kopf darauf und fühlte mich in diesem Moment sehr wohl und beschützt. Wir saßen eine Weile da, bis sich mein Körper wieder beruhigt hatte. Chris streichelte über meinen Kopf.

»Geht es dir besser?«, fragte er.

Ich nickte und löste meinen Kopf von seiner Schulter.

»Was ich dir sagen wollte, ist: Wenn du Stille in dir aushältst, allein sein kannst und den inneren Frieden in dir findest, dann ist für dich alles möglich, dann bist du frei und kannst das alles erleben. Der Erfolg ist nur Nebensache und kommt von ganz allein, wenn du dein wahres Sein lebst. Du darfst jeden Moment erleben, unabhängig von deiner Leistung«, fuhr er fort.

Ich wollte so gerne glauben, was er sagte. Bei seinen Worten waren mir Tränen in die Augen gestiegen.

»Für mich ist heute auf dem Felsen alles zusammengebrochen, mein ganzes Leben«, sagte ich. »Leistung war mein ganzes Leben. Wer bin ich ohne meine Leistung?«, fügte ich leiser hinzu.

Er nahm meine Hand und wir drehten uns um. Vor der wunderschönen Bucht stehend, schauten wir auf die rote Bank.

»Wie ging es dir auf dieser Bank?«, fragte er mich.

»Ich fühlte mich in deinem Arm sicher. Ich wusste, hier wird mir nichts passieren. Ich konnte mich bei dir fallen lassen und seit langer Zeit so sein, wie ich jetzt gerade sein will. Verletzlich«, antwortete ich.

Er lächelte. »Bei mir kannst du dich sicher fühlen, auf der Bank kannst du dich sicher fühlen und dich immer daran erinnern«, erklärte er mir.

Ich drehte mich um und setzte mich im Schneidersitz auf die

Bank. Meine Augen schlossen sich wie von selbst. Mein Hals streckte und meine Lippen öffneten sich, ein sanftes Lächeln tanzte auf meinem Gesicht. Ich legte meine linke Hand auf meinen Brustkorb und spürte, wie ein kurzes Glühen mein Herz erwärmte.

Als ich meine Augen öffnete, saß Chris links neben mir und lächelte mir zu.

»Hier bin ich sicher«, flüsterte ich leise. Mehr brauchte ich nicht zu sagen.

Während die Wellen schwächer wurden und den Moment begleiteten, kam neue Kraft in mir auf.

»Ich spüre, dass sich heute bei dir viel bewegt hat. Was hältst du davon, wenn wir uns morgen hier, an unserer Bank, wiedersehen?«, fragte Chris.

Ich nickte freudig. Wir standen auf und umarmten uns. Wieder wurde mein Herz warm. Ich freute mich über das Kennenlernen und die Verbindung mit Chris. Als ich bei Dämmerung der Dunkelheit glücklich an meinem Strandhaus ankam, dachte ich immer wieder an die Worte von Chris:

»Unsere Bank.« Der Ort, an dem ich mich zum ersten Mal seit langer Zeit sicher fühlte.

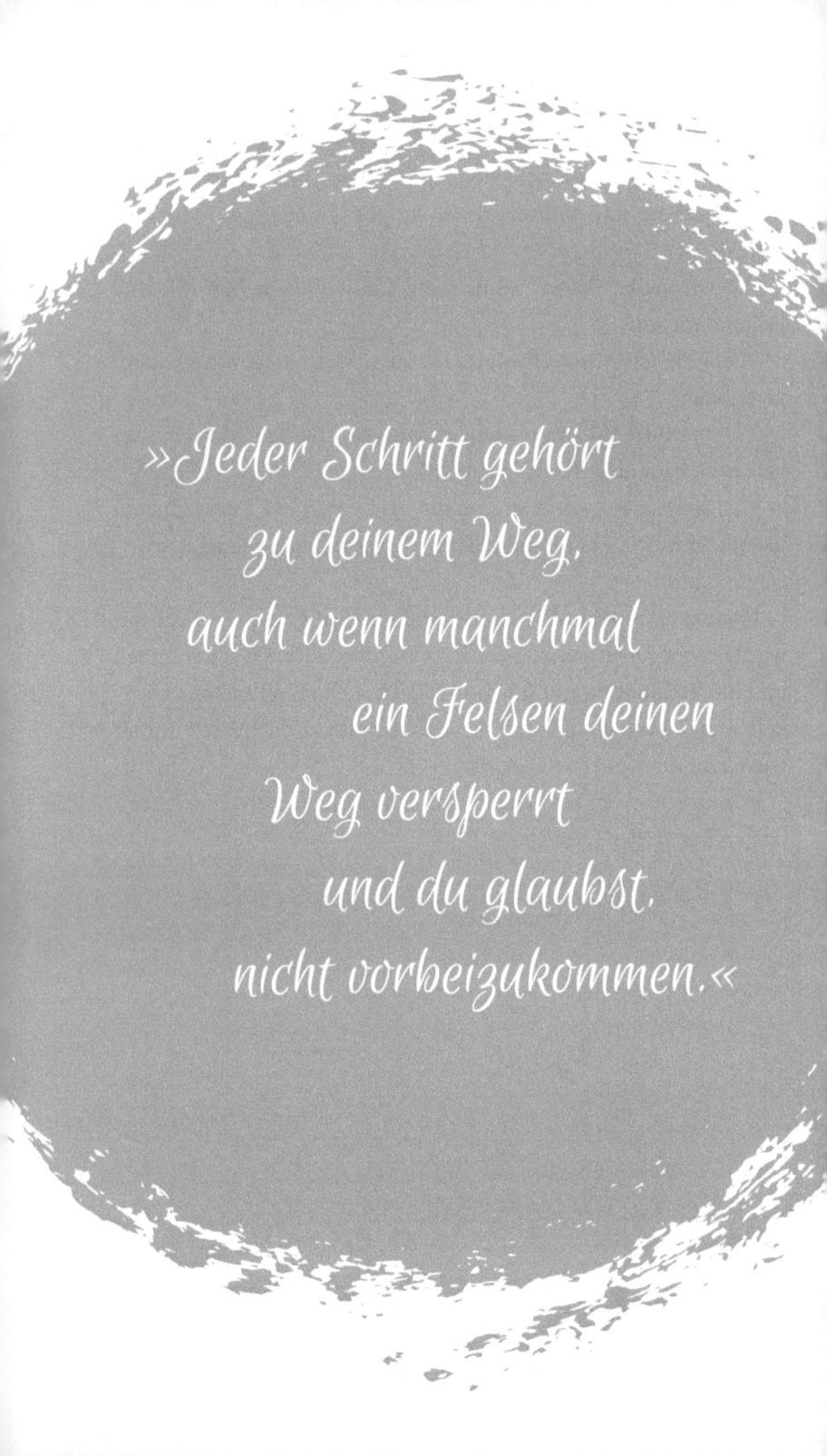

»Jeder Schritt gehört
zu deinem Weg,
auch wenn manchmal
ein Felsen deinen
Weg versperrt
und du glaubst,
nicht vorbeizukommen.«

2. Das Geschenk

Als ich am nächsten Morgen meine Augen öffnete, spürte ich, wie eine warme Energie mein Herz streichelte. Ich kuschelte mich lächelnd in meine Decke. Während die Dämmerung noch den Ozean umhüllte, drang bereits der salzige Duft des Meeres durch die weit geöffnete Terrassentür. Die Brandung glich einer Melodie. Sofort fiel mir die Bank ein. Da musste ich hin. Ich fühlte mich überraschend leicht, entschied mich, früh aufzustehen, und spazierte am Strand entlang, bis ich an dem Felsen ankam. Davor blieb ich stehen. Mein Herz klopfte wie wild gegen meine Brust, begleitet durch ein Zittern meines Körpers. Hier hatte alles angefangen. Was sollte ich tun? Warum machte mir der Felsen Angst?

Beim Versuch hinaufzuklettern, rutschte ich immer wieder ab, bis ich mich schließlich in das Wasser setzte und mich gegen ihn lehnte. Das gab es doch nicht, was war bloß mit diesem Felsen? Meine Leichtigkeit war wie weggeblasen. Ich schlug die Hände überm Kopf zusammen. Der Blick auf die Weite des Ozeans beruhigte mich etwas, mit zittrigen Händen wischte ich meine Tränen weg.

»Marie?« Die Stimme gehörte Chris. Er kam auf mich zugerannt, Wasser spritzte auf. »Was machst du da? Was ist los?«, fragte er mich.

In seine Augen zu schauen, gab mir sofort Kraft.

»Gut, dass du da bist. Ich weiß nicht, was mit dem Felsen hier los ist«, rief ich.

Er nahm sofort meine Hand und zog mich am Felsen vorbei durch das Wasser, bis wir gemeinsam die Bank erreicht hatten. Erst dann ließ er mich los.

»Unsere Bank«, sagte ich und atmete auf.

»Hier bist du sicher«, meinte er.

Ich spürte, wie mein Zittern sich legte, bis es schließlich ganz aufhörte.

»Danke, immer rettest du mich«, sagte ich verlegen mit Blick auf den Sand.

»Alles gut. Dafür bin ich hier! Ich bin wohl aus einem bestimmten Grund in dein Leben gekommen«, antwortete er lächelnd.

Ich lehnte meinen Kopf an seine Schulter. Wir schauten auf den Ozean. Er zog ein kleines Päckchen aus seiner Tasche und reichte es mir.

»Hier, ich habe ein Geschenk für dich.« Meine Augen wurden groß.

»Was ist das?«, fragte ich. Neugierig betrachtete ich das rote Päckchen, das mit einer weißen Schleife verschnürt war. Erst dann nahm ich es an mich. Meine Augen leuchteten, als ich langsam an der Schleife zog. Erst vorsichtig, dann immer schneller. Es war ein rotes Buch mit golden schimmernden Seiten enthalten.

»Wow!«, rief ich begeistert aus.

Selbst Chris schien ganz aufgeregt. »Öffne die erste Seite!«, bat er mich.

Behutsam schlug ich das Buch auf und entdeckte eine Widmung.

»Liebe Marie!

Dieses Buch soll Dein Begleiter auf Deiner Lebensreise sein. Hier kannst Du alle Deine magischen Momente, Erlebnisse und Erkenntnisse

**reflektieren. Alle Deine Gedanken und
Gefühle sind hier willkommen.
Viel Freude damit. Du bist wunderbar.**

**In Verbundenheit.
Liebe Grüße,
Dein Chris«**

Ich schloss das Buch behutsam und umarmte Chris.

»Danke!«, flüsterte ich ihm ins Ohr.

Unsere Herzen waren spürbar miteinander verbunden.

»Es sieht aus wie eine Bibel«, sagte ich mit Blick auf das Buch.

Ich strich sanft darüber. Chris war inzwischen wieder ganz ruhig, er lächelte.

»Deine Bibel, dein Begleiter in dein wahres Sein«, antwortete er freudig und sanft zugleich.

Selbst das Meer war ruhiger geworden, fiel mir auf, die Brandung kaum noch zu hören.

»Wenn du deine Erlebnisse von Hand aufschreibst, verarbeitest du sie und machst dir noch mehr bewusst, was dich bewegt. Du wirst an deinen wahren Kern kommen und Erkenntnisse entdecken, an die du vorher nie gedacht hast«, fuhr er fort.

Ich nickte.

Er sprach weiter: »Wenn du eine Situation hast wie eben am Felsen, dann kannst du gemeinsam mit deinem Buch darüber reflektieren. Es ist immer für dich da, für alles offen und wird dir helfen zu erkennen, warum etwas passiert. Wann immer du in dein Gedankenkarussell einsteigst, lass das Buch teilhaben. Und so wie ich dich einschätze, denkst du viel nach, oder?«

Er schmunzelte. »Durch das Aufschreiben sortierst du die Gedanken und holst sie aus deinem Kopf heraus. Die Gedanken, die du reflektierst, brauchst du auch nicht mehr zu denken, sie sind festgehalten, in diesem wunderschönen Buch, deiner Bibel. Sie gehen nicht verloren«, fuhr er fort.

Ich strahlte, richtete mich auf und drückte das Buch sanft an mich.

»Danke. Ich werde es ausprobieren. Es klingt spannend. Dieser Moment ist auf jeden Fall ein magischer Moment«, sagte ich dankbar zu ihm.

Ob das mit dem Aufschreiben funktionieren würde, wusste ich allerdings noch nicht. Wir saßen noch eine Weile schweigend da.

Langsam färbte sich der Himmel in ein leichtes Rosa. Noch immer nahm ich den salzigen Duft des Meeres wahr.

»Wollen wir den Sonnenaufgang zusammen anschauen?«, fragte er mich.

Ich nickte und dachte, er wollte sich dabei weiter unterhalten. Doch als ich den Mund aufmachte, legte Chris den Finger an die Lippen.

»Pssst! Nicht jetzt, lass uns den Sonnenaufgang in Stille und voller Präsenz schauen«, bat er mich.

Etwas irritiert schaute ich auf das Wasser. Meine Beine wippten auf und ab, ich war nicht in meiner Ruhe. Wie macht Chris das bloß? Ich spürte, wie er seine Hand auf mein Knie legte.

»Ich weiß, dass es am Anfang schwer ist, in der Stille zu sein«, sagte er. »Versuche es trotzdem.«

Die Brandung schien sich meiner Stimmung anzupassen. Der Wind wurde stärker, bis er mein Haar völlig durchwühlt hatte. Gleichzeitig wurde mein Atem flacher und mein Bauch zog sich zusammen. Schließlich konnte ich nicht mehr stillsitzen. Ich schob seine Hand von meinem Knie, stand auf und lief umher. Wieso konnte ich hier nicht in der Stille sitzen? Meine Hand ballte sich zu einer Faust, sodass meine Fingernägel in meine Handinnenfläche drückten. Wieder lief ich zum Felsen. Diesmal ließ er mich gewähren, ich setzte mich auf ihn.

Als ich mich umdrehte, saß Chris immer noch ruhig auf der Bank und schaute mich an. Er machte keine Anstalten, aufzustehen und mir nachzulaufen. Insgeheim hatte ich das erhofft. Doch nichts passierte. Ich wurde wütend auf mich selbst und schlug mit der Faust auf den Felsen, noch mal und immer wieder, bis meine Hand schmerzte. Warum hielt ich keine Stille aus? Mein Herz trommelte wie wild gegen meine Brust. Eine Träne tropfte auf das Buch, das ich immer noch im Arm hielt. Ich drückte es auf mein Herz, löste die Faust und umschlang es mit beiden Armen.

Chris beobachtete mich immer noch ruhig. Seine Ruhe strahlte bis zu mir. Ich atmete auf, bereit, mehr von ihm zu lernen, sprang vom Felsen und setzte mich wieder neben ihn.

»Versuche, dich auf deinen Atem zu fokussieren«, empfahl mir Chris. »Was sich zeigt, darf da sein. Was genau spürst du?«, fragte er mich. »Versuche, es zu sehen, es anzunehmen. Alles darf da sein«, wiederholte er.

Ich legte meine Hand auf meinen Bauch, um meinen Atem zu fühlen. Der ganze Bereich um meinen Bauch glühte wie ein Feuerball.

»Nutze die Wellen als Unterstützung, sie können dir helfen, deinen Atemrhythmus zu finden«, sagte Chris. »Suche dir eine Welle und schaue sie an. Atme ein, wenn sie sich aufbaut. Halte den Atem, bevor sie bricht. Und atme aus, wenn sie im Sand ausläuft«, erklärte er mir.

Ich suchte eine Welle, doch anstatt mit ihr zu atmen, klopfte ich mit meiner Hand auf die Bank und wühlte zugleich mit meinen Füßen im Sand.

»Es ist alles gut«, beruhigte mich Chris. »Für mich war es am Anfang auch schwer. Lade ein, was sich zeigt, es ist willkommen und gehört zu dir«, fuhr er fort.

Hilflos sah ich ihn an.

»Ich schaffe es nicht! Alles ist durcheinander.«

Die Gedanken wirbelten in meinem Kopf. Ich wollte schon wieder aufspringen.

»Warte«, erwiderte er. Er drehte seinen Brustkorb zu mir.

»Lehne dich an, ich halte dich«, lud er mich ein.

Ich tat es und spürte seine Hände auf meinen Oberarmen.

»Alles ist gut. Vertraue«, flüsterte er mir ins Ohr.

Ich schloss meine Augen und konnte sein Herz spüren. Es schlug sehr ruhig.

»Hier bin ich sicher«, sprach ich leise aus.

Meine Muskeln entspannten sich, mein eigenes Herz schlug langsamer und ein warmes Gefühl durchströmte meinen Körper. Mir liefen Tränen über die Wangen. Der Moment schien stillzustehen. Doch dann fingen die Gedanken wieder an.

Chris schien es zu spüren, sanft schob er mich hoch.

»Schau mal, wie schön«, sagte er und zeigte mit dem Finger auf den Ozean.

Ich richtete mich auf, um das Farbenschauspiel zu bewundern. Der Himmel hatte jetzt einen warmen, orangeroten Ton angenommen. Die Vögel sangen, es war, als würde der Tag erwachen. Hinter dem Horizont tauchte die knallgelbe Sonne auf, sie brachte das Meer zum Glitzern. Es gab nur diesen Moment, alles andere war unwichtig. Ich stand langsam auf, trat ein paar Schritte nach vorn und breitete meine Arme weit aus, während mich die hellen Sonnenstrahlen berührten. Wie leicht und unbeschwert sich mein Körper anfühlte. Eine wohlige Wärme stieg in mir auf.

»Wow!«, platzte es aus mir heraus.

Einem Impuls folgend, ließ ich mich langsam zurückfallen, bis ich mit dem Rücken im Sand lag. Chris stand auf, beugte sich über mich und wir lachten. Er hielt mir seine Hand hin, um mir aufzuhelfen, doch ich richtete mich allein auf, zog mein T-Shirt und meine Hose aus und lief im Bikini ins Wasser. Diesmal empfing mich der Ozean und ich stürzte mich in die Wellen.

»Kommst du rein?«, rief ich.

Chris wirkte erst irritiert, doch dann zog er auch sein T-Shirt aus und lief zu mir. Als er im Wasser ankam, spritzte ich ihn nass und tauchte unter einer Welle hindurch.

»YEAH!«, rief ich, als ich wieder auftauchte.

Ich war tropfnass und fühlte mich plötzlich so lebendig wie schon lange nicht mehr. Mein Herz bebte, gleichzeitig spürte ich eine neue, ganz leichte Energie in mir. Chris versuchte, zu mir zu schwimmen, aber ich war schneller.

»Leisten ist doch für was gut, oder?«, rief er mir lachend nach.

Ich drehte mich um und grinste ihn an.

»Ja, manchmal schon!«, rief ich.

Ich schwamm ihm entgegen, bis wir auf gleicher Höhe waren. Seite an Seite schwammen wir weiter. Mit jeder Bewegung kam ich in eine tiefere Verbindung mit dem Ozean, sah die unendliche Weite, spürte das Salzwasser und die Sonne auf meiner Haut. Für eine Weile ließen wir uns auf dem Rücken im Einklang mit den Wellen treiben. Über uns sangen die Möwen. Mein Herzschlag schien mit dem Ozean zu verschmelzen.

»Mein Herz findet gerade Ruhe«, sagte ich zu Chris. »Der Ozean gibt mir Kraft, er stärkt mich, er bringt mich in die Verbindung zu mir selbst.«

Er nickte. »Der Ozean zeigt uns unsere Tiefe«, erwiderte er.

Alles war ruhig.

»Ich will diesen Frieden für immer spüren«, flüsterte ich.

Gleichzeitig wusste ich, dass mir bis dahin noch ein Weg bevorstand. Wir ließen uns noch eine Weile im Ozean treiben. An unserer Bank angekommen, fuhr sich Chris durch sein nasses Haar. Ich schmunzelte innerlich, weil es ihm offensichtlich wichtig war, gut auszusehen. Er lächelte zurück, nahm meine Hände und schaute mir tief in die Augen.

»Marie, jeder Schritt gehört zu deinem Weg, auch wenn manchmal ein Felsen deinen Weg versperrt und du glaubst, nicht vorbeizukommen. Du wirst immer den nächsten Schritt finden, der für dich dran ist und zu dir passt«, antwortete er.

Ich atmete tief ein und wusste, dass es stimmte, was er sagte. Und ich hoffte, auch bald in diese Zuversicht zu kommen. Wir umarmten uns und ich lief mit dem roten Buch zum Strandhaus zurück. Ich verbrachte den Tag vor dem Haus in den Dünen, tobte mit den Wellen und flog wie eine Feder über den Strand.

»Was für ein Tag«, dachte ich, als ich abends in meinem roten Schaukelstuhl auf der Terrasse saß.

Ich wippte sanft hin und her, lauschte den Wellen. Es war bereits dunkel, eine schöne Sommernacht. Die Sterne funkelten wie Diamanten am klaren Nachthimmel. Lächelnd schaute ich mein Buch an, es wurde von einer Kerze beleuchtet. Mein Herz war leicht und von einem tiefen Gefühl der Dankbarkeit zu Chris erfüllt. Die perfekte Zeit für meine erste Reflexion.

Im Wohnzimmer fand ich nur Buntstifte, keinen Kugelschreiber.

»Soll ich jetzt etwa malen?«

Als ich wieder im Schaukelstuhl lag, dachte ich: »Es muss gut werden!«

Und bemerkte gleichzeitig, dass dieser Gedanke meinem ständigen Streben nach Leistung entsprungen war. Ich begann, den Felsen zu malen, doch meine Hand fing an zu zittern. Ich erinnerte mich an die Worte von Chris. Ich solle mein Buch einfach teilhaben lassen. Daher blätterte ich um und schrieb alles zu meinen Erlebnissen mit dem Felsen auf. Ich schrieb und schrieb ... Dabei spürte ich, wie mein Herz schneller schlug.

»Was ist hier los? Durchlebe ich es noch einmal?«, fragte ich mich.

Ich malte den Ozean in seiner ganzen Pracht. Nach einer Weile beruhigte sich mein Herz. Es stieg eine Lebendigkeit in mir auf – wie heute Morgen im Meer.

»Oh ja. Ich durchlebe es tatsächlich noch einmal beim Schreiben.«

Diesmal war es ein wunderschönes Gefühl. Ich malte, wie sich die Sonne im türkisfarbenen Wasser spiegelte und die Brandung an den Felsen klatschte. Meine Gefühle sprangen hin und her. Ich hatte immer noch die tiefe Sehnsucht nach Freiheit, Lebendigkeit und Frieden. Doch diesmal brachte es mich nicht aus der Fassung.

Ich nahm einen roten Stift und malte ›unsere Bank‹ direkt hinter dem Felsen im Sandstrand.

»Jeder Schritt gehört zu meinem Weg, auch wenn ein Felsen den Weg versperrt!«, schrieb ich in eine Sprechblase neben dem Felsen.

Das Bild war nicht schön im künstlerischen Sinne, doch es war sehr bedeutungsvoll und der Ausdruck meiner Gefühlswelt. Ich war meinem Gefühl gefolgt und damit zufrieden. In dem Bild sah ich alles: die Geborgenheit auf der Bank, meine Angst auf dem Felsen, die Verbindung zu Chris am Strand und meine Lebendigkeit im Ozean. Leistung hatte hier keinen Platz.

Ich schrieb weiter, wie schwach ich mich fühlte, als Chris mich zweimal an meinem Tiefpunkt gefunden hatte. Er mochte mich so, wie ich war. Er kannte mich ohne mein Leistungsstreben.

»Moment! Er mag mich als Mensch«, schrieb ich auf.

Ich durfte bei ihm Schwäche zeigen. Ich schrieb und schrieb und schrieb … ließ meinen Gefühlen freien Lauf. Daneben malte ich einen Seestern als Symbol, dieser Moment bedeutete mir viel. Es war eine Achterbahn, doch sie verlor irgendwann ihr rasendes Tempo, wurde langsamer … Mein Herz hüpfte vor Freude, während sich eine angenehme Wärme in mir ausbreitete. Es war ein Moment tanzender Lebendigkeit. Der salzige Duft des Meeres zog bis in meine Nase und umhüllte meine Haut. Ich umarmte das Buch, wie auf dem Felsen.

»Danke, Chris, das Buch ist ein Wunderwerk.«

Die Zeit schien stillzustehen und auch meine Gedanken stoppten. Endlich.

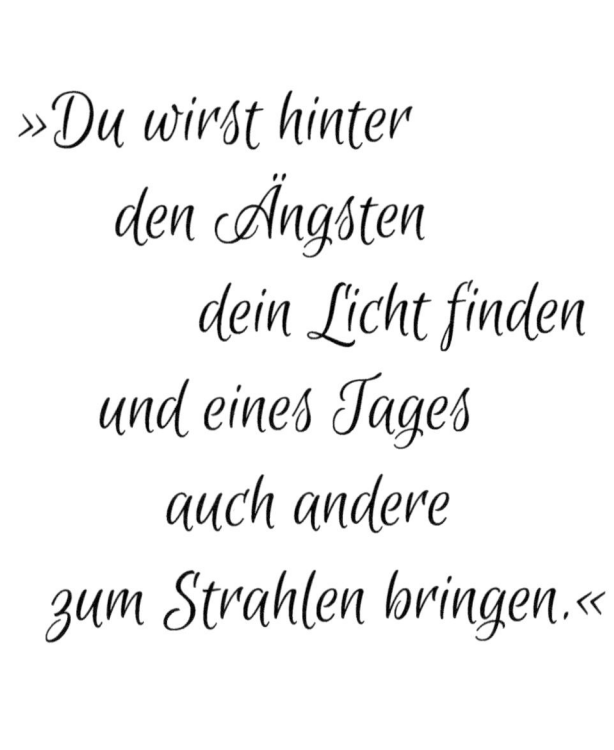

»Du wirst hinter
den Ängsten
dein Licht finden
und eines Tages
auch andere
zum Strahlen bringen.«

3. Der Seestern

Die Brandung ertönte und donnerte mit einer unglaublichen Kraft gegen den Felsen, sodass ich erschrak, doch es machte mir diesmal keine Angst. Ich beobachtete das Schauspiel der Wellen, wie lebendig sie tanzten und sich sogar Schaum in der Brandung bildete. Muscheln und kleine Steine rollten auf den Sand.

»Das ist wohl ein Freudentanz des Ozeans«, rief ich fröhlich hinaus, während ich mich aufrichtete und auf dem Felsen herumhüpfte.

Momente der Lebendigkeit, nach denen ich mich gesehnt hatte. Es gab nichts zu tun … Nach einer Weile beruhigte sich das Wasser, ich setzte mich auf den Felsen nieder und erinnerte mich daran, wie ich vom Felsen gespült wurde und Chris kennenlernte. Zu jener Zeit sehnte ich mich nach Freiheit, Lebendigkeit und Frieden. Jetzt durfte ich die Lebendigkeit spüren, ohne etwas dafür zu tun. Ich fühlte mich in diesem Moment sogar lebendiger als nach einem Erfolg eines meiner Projekte. Das war es, was mir die ganze Zeit gefehlt hatte.

»Wahnsinn!«, dachte ich.

Den Hunger nach Erfolg konnte ich mit meiner Leistung nicht stillen und jetzt wollte ich es auch nicht mehr. Ich versuchte, mich aufzurichten, und rief:

»Ich will nicht mehr zurück in mein altes Leben. Ich will die Lebendigkeit!«

Diese Erkenntnis brachte mich ganz durcheinander und mein Herz fing an, wild wie ein Flummi gegen meine Brust zu klopfen. Eines wusste ich ganz genau: Ich wollte nicht noch einmal einen Tiefpunkt am Felsen haben. Ich drehte mich zur Bank um. Wo war Chris? Ich hatte ihn tagelang nicht gesehen, vielleicht mochte er mich doch nicht? Ich konnte nicht begreifen, warum ich plötzlich diese Gedanken hatte. Wo kamen sie her? Während in mir alles eng wurde, schwitzte ich. Gedanken kreisten in meinem Kopf.

»Verliere ich ihn? Jetzt, wo gerade erst alles so schön ist ...«

Trotz der Kraft, die ich vom Ozean empfing, hatte ich Angst.

»Ich bin allein mit meiner Angst. Du zeigst mir meine Tiefe, oder?«, fragte ich das Meer.

Es gab keine Antwort. Ich musste schlucken, mein Hals zog sich noch mehr zu.

»Ist da denn nur Angst? Nichts anderes?«, fragte ich, konnte kaum meinen Worten glauben.

Obwohl die Sonne die ganze Bucht in eine lebendige Pracht färbte, zeigte sich eine tiefe Dunkelheit der Angst in mir. Ich spürte ganz deutlich: Ich war unaufhaltsam auf dem Weg in mein nächstes Tief. Das Meer schien inzwischen still. So hatte ich es doch schon mal erlebt ... Moment! Ich atmete tief ein, wollte es schaffen, mich selbst aus dieser Tiefe herauszuholen, schnappte mir mein Buch, drehte mich auf den Bauch und las, wie schön die Erlebnisse der vergangenen Tage vor meinem Haus am Strand gewesen waren. Ich musste lächeln, denn ich fühlte wieder, wie ich es durchlebte. Ich las und las und las ... wie ich in einer wunderbaren Energie war, Sonnenbaden in den Dünen, tanzend über den Strand, mit Leichtigkeit in den Wellen, die Verbindung zum Ozean und das Beste war der Sonnenaufgang bei geöffneter Terrassentür gewesen, aus dem Bett betrachtet mit dem morgendlichen Duft des Meeres ...

Das erneute Durchleben brachte mich tatsächlich in ein angenehmeres Gefühl, bis sogar mein Zittern stoppte und sich der

Flummi auflöste. Ich legte meine Hand auf mein Herz, atmete tief durch, denn mein gesamter Körper fühlte sich nun leichter an. Meine Lippen zeigten ein Lächeln. Ich war erleichtert und Wärme begleitete meine Worte:

»Habe ich es tatsächlich geschafft, mich selbst zu beruhigen?« Ich genoss es, dieses Gefühl zu erleben. »Das Buch ist ein Wunderwerk«, dachte ich.

Mit meinem Buch im Arm wollte ich gerade zu meiner Decke gehen, die im Sand lag. Da bemerkte ich, dass Chris auf unserer Bank saß.

»Marie, schön, dich zu sehen«, rief er mir winkend zu.

Meine Augen glitzerten.

»Chris!«

Wie von selbst bewegten sich meine Beine und trugen mich in seine Arme.

»Ich bin so froh, dass du da bist«, sagte ich, erleichtert und dankbar zugleich.

»Ich habe dich schon vermisst«, erwiderte er lächelnd.

Ich drückte ihn noch mal.

»Da ist es, dein Strahlen«, fügte er hinzu.

Alles war wieder gut.

»Wir haben uns drei Tage nicht gesehen. Wie ist es dir in der Zeit ergangen?«, fragte er mich.

Ich wollte ihm als Erstes unbedingt mein Bild zeigen und davon erzählen, wie schön die vergangenen Tage gewesen waren und wie ich mich eben in eine gute Energie gebracht hatte.

»Was hat dich denn heute so aus der Fassung gebracht?«, fragte er mich.

Sofort sprach ich los.

»Es geht um den Moment, um das Erleben. Der Felsen hat mir nicht den Weg versperrt, er wollte, dass ich in die Tiefe schaue!«, erzählte ich ihm. »Er zeigt mir nicht, wohin ich gehe, sondern wie ich meinen Weg gehen kann. Daher hat er mich gestoppt.«

Ich war selbst ganz erstaunt, als ich mich sprechen hörte.

»Spannend! Das sind großartige Erkenntnisse«, meinte Chris und ich sah ihm an, wie sehr ihn alles freute. »Es ist wunderbar, dass du erkennst, wie wichtig der Moment und das Erleben sind. Der jetzige Moment ist alles, was zählt.«

Ich konnte nicht gleich darauf antworten. So vieles ging mir im Kopf herum. Chris grinste und sagte:

»Warte ab, es wird noch so viel in deinem Leben passieren. Du wirst wahrscheinlich dein ganzes Leben infrage stellen.«

Ich wusste, dass er recht hatte, auch wenn mir seine Worte Angst machten, doch das konnte ich ihm noch nicht sagen.

»Weißt du, mein Leben besteht zurzeit oft aus Angst. Ich weiß nicht, wie alles weitergehen soll«, antwortete ich.

Meine Stimme wurde leiser, meine Hände zitterten. Chris nahm mich in den Arm, ich lehnte meinen Kopf an seine Schulter und wir beobachteten eine Weile, wie das Sonnenlicht glitzernd auf dem Meer tanzte. Als sich mein Atem und meine Hände wieder beruhigt hatten, fuhr ich fort:

»Ich habe die Dunkelheit der Angst tief in mir gesehen, obwohl die Sonne mich angestrahlt hat. Je heller es im Außen war, desto dunkler war es in mir. Das macht mir echt Angst«, gab ich zu.

Er streichelte über meine Schulter.

»Es ist wie mit dem Ozean. Wenn du in die Tiefe schaust, dann kann das tatsächlich Angst machen. Du weißt nicht, was dort auf dich wartet, was du in dein Bewusstsein nach oben holst. Doch ganz unten in der Tiefe ist dein wahres Sein, dein Kern. Glaube daran, tauche tief und vertraue«, riet er mir.

Seine Worte beruhigten mich, auch wenn ich noch nicht wusste, wie ich das schaffen sollte. Chris schien es mir anzusehen.

»Darf ich ehrlich zu dir sein, wie wir es schon die ganze Zeit miteinander sind?«

Ich nickte und er fuhr fort:

»Du kämpfst, seit wir uns kennen, mit deiner Angst und deinen Gedanken. Du hast dich vorher vermutlich in die Projekte gestürzt, weil du nicht hinschauen wolltest. Eine Art Ablenkung. Kann das sein?«, fragte er mich.

Ich nickte. Trotz der Ängste in mir atmete ich auf. Denn jetzt wusste ich, dass ich diesen Weg weitergehen wollte.

»Du wirst hinter den Ängsten dein Licht finden und eines Tages auch andere zum Strahlen bringen«, versicherte er mir. »Es lohnt sich, diesen Weg zu gehen. Schon jetzt erkenne ich, wie echt du bist, auch und gerade mit deinen Ängsten«, sagte Chris.

Ich fühlte mich von ihm voll und ganz angenommen.

»Danke!«, sagte ich.

Mehr Worte fand ich gerade nicht. Mittlerweile war die Brandung zurückgegangen und ich spürte, wie eine lebendige Kraft in mir aufstieg. Alles wurde leichter.

»Warum mag ich dich wohl?«, fragte er mich.

Ich zuckte mit meinen Schultern. Er wartete einen Moment, bis er weitersprach. Als er merkte, dass von mir nichts kam, sagte er:

»Dein Leistungsstreben ist es schon mal nicht.«

Er zwinkerte mir zu. Dann wurde er wieder ernst. »Ich fühle eine starke Verbindung zu dir. Du bist echt, offen, empathisch, mutig, zeigst dich, wie du bist, und dein strahlendes Lächeln mag ich auch«, fügte er hinzu.

Mir wurde ganz warm ums Herz.

»So habe ich mich noch nie gesehen«, sagte ich leise. »Mit dir zusammen ist alles leicht.«

Meine Worte schienen ihn zu freuen. Ich strahlte und suchte ganz begeistert in meinem Buch, welches er mir geschenkt hatte, nach der Seite mit dem Seestern. Als ich sie gefunden hatte, zeigte ich sie ihm.

»Oh, wie cool«, rief er. »Übrigens, Seesterne tauchen gerne in die Tiefe, um das Verborgene hervorzuholen. Das kannst du auch machen.«

Mein Herz lachte vor Freude. Er nahm meine Hand:

»Marie, du bist so mutig. Ich weiß, dass du es schaffst.«

Ich umarmte ihn fest.

»Danke, Chris!«

Er schlug vor, ein wenig spazieren zu gehen. Während wir am Strand entlangschlenderten, spürte ich, wie mich jeder meiner Schritte in eine tiefere Verbindung zu mir selbst brachte. Ein wohliges Gefühl der Geborgenheit begleitete mich und erweckte mich zum Leben. Mein Herz wurde leicht und ich breitete meine Arme zur Seite aus wie Schwingen. Chris beobachtete mich.

»Komm her«, rief ich ihm zu.

Er lachte und tat es mir gleich. Wir flogen wie zwei Adler über den Strand. Als wir mein Strandhaus erkennen konnten, blieb ich stehen und holte ein paar tiefe Atemzüge. Dann zeigte ich auf das Haus hinter den Dünen.

»Hier wohne ich für die Zeit, die ich hier bin«, sagte ich.

Er staunte.

»Cool.«

Ich lud Chris ein, ihm das Haus zu zeigen. Wir erkundeten gemeinsam das Innere. Die großen Schlafzimmer, eines mit Blick auf den Strand und eines mit Blick auf die Berge. Das hübsch eingerichtete Wohnzimmer mit Kamin. Er machte es sich auf der Terrasse in einem türkisfarbenen Schaukelstuhl bequem, während ich mich um kühle Getränke kümmerte.

»Wo warst du in den letzten Tagen?«, fragte ich ihn neugierig, als ich mich zu ihm setzte.

»Ich war an meinem Kraftort, an einem wunderschönen Fluss«, erzählte er, ohne zu zögern. »Dort bin ich gerne, um mich zu erden. Und gestern war ich seit Langem mal wieder bei einer Freundin beim Canyoning. Es war lustig, hat mich allerdings gefordert.«

»Das klingt toll«, sagte ich sehnsüchtig. »Machen wir das auch mal zusammen?«

»Na klar«, antwortete er sofort.

Ich wollte mehr wissen.

»Und was machst du an deinem Kraftort?«

Auch diese Frage beantwortete er mir gleich:

»Dort bin ich immer, wenn ich Zeit für mich brauche. In solchen Momenten verbinde ich mich mit der Natur. Es gibt mir sehr viel Kraft, mit ihr im Einklang zu sein. Ich habe dort auch neue Atemtechniken gelernt«, erklärte er.

Ich nickte und verstand gut, was er meinte. Doch eine Frage lag mir noch besonders auf der Seele.

»Du hast Zeit für dich gebraucht, lag es an mir?«, fragte ich leise.

»Nein, gar nicht. Ich bin gerne mit dir zusammen«, sagte Chris und lächelte leicht.

Seine Antwort beruhigte mich.

»Ich möchte von innen heraus stark sein und dafür brauche ich ab und zu Zeit für mich allein an meinen Kraftorten. Wenn ich stark bin, kann ich dich besser halten«, fügte er mit einem Augenzwinkern hinzu.

Wir lachten.

»Ich habe auch ein Reflexionsbuch. Es war ein entscheidender Faktor in meiner Entwicklung. Und manchmal, wenn mir alles zu viel wird und die Zeiten mit meinem Buch nicht mehr ausreichen, gehe ich in die Stille und ziehe mich in die Natur zurück«, beschrieb er mir.

»Bist du dann nicht einsam?«, wollte ich wissen. »Wie schaffst du es, so stark in der Stille zu sein? Ich möchte das auch gerne können«, sagte ich.

Chris sah mich offen an.

»Es war nicht immer so. Ich habe eines Tages, ähnlich wie du, gemerkt, dass ich mehr vom Leben will. Da bin ich zum ersten Mal für mehrere Tage in die Stille gegangen. Ich habe alle Ablenkungen ausgeschaltet, auch mein Handy. Meine Gedanken haben wie verrückt gekreist, doch irgendwann sind sie ruhiger geworden. Denn wenn du mehrere Tage allein in der Stille bist und alle Ablenkungen wirklich entfernst, dann stellst du dich dir selbst. Am Anfang war es ähnlich wie bei dir und alles andere als einfach«, erklärte er.

Ich lauschte ihm, war aufmerksam wie schon lange nicht mehr.

»Ja, ich habe mich einsam gefühlt. Und ich hatte auch das Gefühl, ich denke jeden einzelnen meiner Gedanken. Meine Gedanken wollten alle gedacht werden, jeder einzelne. Das war sehr intensiv. Ich war auch sehr unruhig«, fuhr Chris fort. »Doch nach drei Tagen lernte ich, mich auf meine Atmung zu fokussieren, und die Gedanken wurden weniger, bis sie irgendwann stoppten«, berichtete er.

Er hielt kurz inne. »Ich ging wandern, habe mich mit der Natur verbunden. Seitdem fühle ich die Kraft der Natur und ich habe gelernt, mit meiner Einsamkeit umzugehen. Heute weiß ich, dass ich diese Einsamkeit zum großen Teil wegen meiner Zwillingsschwester hatte.«

Ich nickte mitfühlend.

»Doch durch die Verbundenheit mit der Natur fühle ich mich immer sicher. Und jetzt habe ich meine Kraftorte«, schloss er seine Erzählung.

»Wow, das klingt alles sehr beeindruckend«, sagte ich fasziniert. Chris nickte.

»Ja, ich war auch sehr bewegt, als ich es alles verstanden hatte. Übrigens habe ich es hier in der Nähe gelernt«, erwiderte er. »Wenn du es wirklich willst, gebe ich dir die Adresse«, bot er mir an.

Er wurde ernster. »Allerdings kann ich nicht mitkommen, du musst das allein machen.«

Er musste mein Zögern gesehen haben, denn er sagte:

»Du bist sehr mutig, ich glaube an dich. In der Stille findest du deine Antworten.«

Da wusste ich, dass ich es auch ausprobieren wollte. Wir stießen mit unseren Gläsern darauf an und nahmen ein paar Schlucke. Anschließend sprangen wir ins Meer. Während ich aus dem Wasser auftauchte, glitzerte das Sonnenlicht über der Küste. Die Möwen begleiteten uns mit einer Melodie, die völlig im Einklang mit dem Meer schien. Chris nahm mich mehrmals auf seine Schultern und warf mich in die Wellen, wieder und wieder. Was für ein Spaß! Ich fühlte mich wie ein Delfin, bewegte mich mit Leichtigkeit, wollte immer auftauchen und untertauchen, bereit für meine Reise in die Stille, ins tiefe Eintauchen, so wie der Seestern. Meine Angst war verflogen.

Als wir aus dem Wasser gingen, hüpfte ich vor Freude im Sand, mein breites Grinsen war kaum zu übersehen.

»Siehst du, in der Tiefe ist noch mehr außer Angst«, meinte Chris lächelnd.

Er freute sich sichtlich, mich so zu sehen.

»Oh ja. In mir vibriert alles, doch diesmal ist es gut!«, rief ich. »Ich fühle ein leichtes, angenehmes Kribbeln in meinem Körper.«

Er nickte und schien genau zu wissen, was ich empfand. Die Zeit verflog und der Tag ging zu Ende. Als die Dämmerung einsetzte, färbte sich der Himmel in ein sanftes Rosa und küsste den Ozean. Wir beobachteten das Farbenschauspiel, bis es in die Dunkelheit überging. Als der Himmel kurze Zeit später die Sterne funkeln ließ, nahm Chris meine Hände.

»Marie«, sagte er, »du bist richtig, wie du bist. Du brauchst nichts dafür zu tun. Erinnere dich immer daran. Vertraue dem Leben.«

Sein Blick verband sich tief mit meinem. Ich nickte.

»Dem Leben vertrauen«, wiederholte ich langsam. »Ja, das will ich so gerne.« Würde ich es schaffen?

»Die Liebe ist
hinter der Angst!«

4. Der magische Ort

»Danke für die unglaubliche letzte Woche«, sagte ich zu Chris, als er mich noch einmal in meinem Strandhaus besuchte.

Wir saßen auf der Terrasse und schauten gemeinsam den atemberaubenden Sonnenaufgang an. Schon heute würde ich zu seinem Kraftort aufbrechen, der hoffentlich auch meiner werden würde. Chris lächelte mich an.

»Gib mir mal dein Buch. Ich schreibe dir noch etwas hinein. Und lies es bitte erst, wenn du da bist«, bat er mich.

Ich versprach, mich daran zu halten, während er schrieb.

»Vergiss bitte niemals, wie mutig du bist«, sagte er anschließend zu mir, als er mir das Buch zurückgab.

Ich nickte, stand auf, drehte die Musik lauter und zog ihn an seiner Hand vom Schaukelstuhl. Wir lachten, hüpften, liefen in die Dünen, warfen uns in den Sand, kehrten zurück auf die Veranda und tanzten noch ein wenig, bevor ich mich auf den Weg machte. Ich war aufgeregt, denn gleich begann meine Reise in die Tiefe, in meine Stille. Ich verabschiedete mich mit einer festen Umarmung von ihm. Als er ging, lauschte ich noch einen Moment dem Klang der Wellen und genoss den beginnenden Tag.

Mein Koffer war bereits im Auto, es konnte losgehen. Während ich die Tür schloss, sah ich, dass sie mit einem gelbgoldenen Rahmen verziert war. In ihrer Mitte stand:

»Willkommen im Paradies«.

Ich dachte: »Interessant, bei der Ankunft habe ich es gar nicht wahrgenommen.«

Während ich im Auto über die bergige Landstraße glitt, erweckte jeder Blick immer mehr Begeisterung in mir. Mit jeder Kurve stieg das Pochen meines Herzens an und ich konnte nicht anders, als zu lächeln. Wie die Zeit verstrichen war, bemerkte ich erst, als ich am Schild des Nationalparks vorbeifuhr. Mein Navi zeigte mir noch fünf Kilometer an, doch die Straße führte plötzlich auf einen engen Schotterweg. War ich hier richtig? Irritiert hielt ich an, sah mich um und auch auf mein Handy. Kein Empfang. Mist. Ich lehnte mich zurück, hielt meine Hände an meinen Kopf. Davon hatte Chris mir nichts gesagt. Ich fuhr vorsichtig weiter, mit jeder Kurve wurde der Weg enger und enger, mittlerweile befand ich mich auf einem Feldweg. Rechts von mir ging es tief hinunter, kein anderes Auto war hier zu sehen. Mein Navi zeigte Wege, die nicht wie solche aussahen, doch nach der nächsten Kurve atmete ich auf: Dort war ein Parkplatz, mitten im Nichts. Ich war also nicht verloren.

Fast im gleichen Moment zog mich die Magie des Ortes in ihren Bann. Sie traf mich fast wie ein Blitz und empfing mich mit einem leuchtend türkisfarbenen See, in dem sich die felsigen Berge spiegelten. Den See wiederum umgab eine malerische Blumenwiese in strahlenden Farben, die einen süßen Duft in die Luft trug. Schmetterlinge flatterten von Blüte zu Blüte, berührten mein Bein und erinnerten mich an das Gefühl des Moments. Ich fühlte mich warm, frisch und leicht zugleich. Als würde dieser magische Ort meine Haut streicheln. Meine Atmung war so tief und langsam wie noch nie. Wieder stiegen mir Freudentränen in die Augen. Die Schönheit, der Duft, die Magie überwältigten mich. Minutenlang stand ich wie angewurzelt dort, einfach verbunden mit der Natur. Ich fuhr mit der Hand behutsam über ein paar Blüten und ging zum See. Das Wasser war eiskalt. Ein interessanter Gegensatz zu dem Ort, der so viel Wärme verbreitete.

Ein schmaler Pfad führte am See vorbei, kleine bunte Fische schwammen an der Oberfläche. Meine Füße trugen mich wie über einen roten Teppich. Entlang des Weges gab es grüne Wiesen, auf denen Schaukelstühle standen. Kein Mensch war zu sehen oder zu hören. Als der Weg nach rechts führte, kam ein kühler Hauch, wie aus einer Höhle, auf mich zu, der mit der Wärme der Sonnenstrahlen verschmolz. Mein Atem stockte, ich traute meinen Augen kaum. Vor mir floss ein Fluss, der gleichzeitig wild war und doch so viel Ruhe spendete. Er klatschte gegen kleine Felsen, die am Wassersaum lagen. Schmale Wasserfälle fielen hier und da vom Berg in den Fluss, ich schaute nach oben und sah hohe Steinwände, die die Umgebung einkleideten. Sie wirkten kraftvoll und ruhig, überhaupt nicht bedrohlich.

»Wow! Ein magischer Kraftort!«, sagte ich.

Ich fühlte mich wie in einen Mantel voll Ruhe und Liebe gehüllt. Auch meine eigene Energie schien auf einmal durch mich zu strömen wie ein Wasserfall. Jede Zelle meines Körpers wurde leicht aufgewirbelt und schenkte mir Kraft. Überwältigt von diesem Gefühl legte ich mich in einen Schaukelstuhl. Ich atmete ruhig ein und aus, schloss die Augen, lauschte und nahm die besondere Energie dieses Ortes auf.

Nach einer Weile hatte ich Durst und suchte in meiner Tasche, die ich dabeihatte, nach meinem Getränk. Stattdessen fand ich zunächst ein kleines Päckchen obenauf. Verwundert und voller Vorfreude öffnete ich es. In dem Päckchen befand sich ein Rosenquarz. Ich hielt ihn in meiner Hand, konnte mir nicht erklären, woher er kam. Wie war er in meine Tasche gekommen? Da erinnerte ich mich daran, dass Chris mir etwas in mein Buch geschrieben hatte, das ich erst hier lesen sollte. Daran hatte ich gar nicht mehr gedacht. Aufgeregt blätterte ich in meinem Buch, bis ich die Seite fand. Ich las:

»Liebe Marie!

An dem Ort, an dem Du jetzt bist, wirst Du eine neue
Welt erleben. Die Welt der Stille, der Kraft, der Magie.
Ich wünsche mir, dass Du an Deinen Mut glaubst,
Deiner Intuition folgst und Dich fühlst. Es kann
das Tor in Deine Gefühlwelt weit öffnen.

Sollte sich Deine Angst zeigen, dann schaue in Deinen
Rucksack. Dort findest Du einen Rosenquarz.
Er wird Dir helfen, an die Liebe zu glauben.
Denn die Liebe ist hinter der Angst.
Du kannst den Stein mit Liebe und Heilungs-
energie aufladen, indem Du ihn ins Wasser oder
in die Sonne hältst.

Vertraue dem Leben.
In Verbundenheit

Liebe Grüße,
Dein Chris«

Tränen liefen mir über die Wangen, als ich seine liebevollen Worte
in mir aufgenommen hatte. In mir stieg eine tiefe Dankbarkeit
und Verbundenheit zu Chris auf. Ich konnte kaum aufstehen, hielt
den Rosenquarz in die Sonne und spürte, wie sich die Liebe in
meine Hand übertrug, durch mich hindurchfloss und sich mit dem
bestehenden heißen Energiefluss vermischte. Mein Herz brannte
wie Feuer. Ich fühlte und fühlte und fühlte und merkte gar nicht,
wie die Zeit verflog. Schließlich holte ich mein Buch und einen
Stift aus meiner Tasche und schrieb all meine Gedanken, Gefühle
und Wahrnehmungen auf.

Die Dämmerung setzte bereits ein, als mir auffiel, dass ich immer noch im Schaukelstuhl saß. Gerade noch im Hellen schaffte ich es zum Auto zurück. Dann fuhr ich zu der Unterkunft, die Chris mir für die nächsten Tage gebucht hatte. Der Himmel über mir hatte sich bedrohlich zusammengezogen. Würde ein Gewitter kommen? Der Weg führte mich zuerst über den Feldweg, dann über den Schotterweg zurück und schließlich auf einen Campingplatz. Ich war irritiert.

»Chris hat mir doch einen Bungalow gebucht«, murmelte ich vor mich hin, während ich in der Buchungsbestätigung nachschaute.

Scheinbar war ich richtig. Ich ging zur Rezeption. Eine nett aussehende Frau lächelte mich an und begrüßte mich in einer Sprache, die ich nicht verstand. Mit Englisch kam ich nicht weiter, auch sie verstand mich nicht. Nach mehreren Versuchen konnte ich endlich einchecken und sie überreichte mir einen Schlüssel. Ich war erleichtert, dass es hier doch noch andere Unterkünfte außer Zelte und Campingwagen gab. Kurze Zeit später parkte ich vor einer kleinen Holzhütte. Das sollten die Bungalows sein?

Nachdem ich eintrat, konnte ich mich gerade einmal um mich selbst drehen. Als Küche dienten ein winziger Vorraum und ein Kühlschrank. Zum Bad mit Dusche, Toilette und Waschbecken führte eine Schiebetür, und im anderen Raum standen zwei Betten. Eine kleine Luke sollte das Fenster sein. Auf den Betten lag jeweils ein Laken, sonst nichts.

»Oh nein! Ich hätte Bettzeug mitnehmen müssen«, dachte ich.

Zum Glück kam mir die Idee, das Laken des anderen Bettes als Decke zu benutzen. Gerade als ich meinen Koffer aus dem Auto holte, hörte ich, wie Regentropfen anfingen, auf die Erde zu stürzen. Es waren riesige Tropfen. Die Bäume bewegten sich vom immer stärker werdenden Wind. Ich beeilte mich mit meinem Koffer, denn plötzlich wurden aus den einzelnen Regentropfen Hagelkörner ... Ein Grollen und lauter Donner folgten, entwickelten sich zu einem Gewitterkonzert. So schnell ich konnte, lief ich in die Hütte, verschloss die Tür und sah durch das kleine Fenster im Schlafzimmer, wie helle Lichtblitze in die Erde schlugen. Ich rollte mich auf meinem Bett zusammen, mein Herz wurde auf einmal so klein und fest, dass ich kaum Luft bekam.

»Ich habe zu Hause jedes Mal Angst vor Gewitter und jetzt bin ich hier in einer kleinen Hütte, mitten im Wald! Ganz allein …«

Ich heulte die Worte vor mich hin. Mir war kalt, ich hatte Hunger und fühlte nur noch Angst, nichts anderes mehr.

»Was soll ich tun? Was soll ich bloß tun?«, wiederholte ich wieder und wieder.

In meinem Kopf war kein Platz für andere Gedanken. Ich wollte nur noch weg, doch ich konnte unmöglich raus in dieses Gewitter. In diesem Moment dachte ich an den Rosenquarz und die Worte von Chris.

»Die Liebe ist hinter der Angst!«

Ich beugte mich zu meiner Tasche hinunter, die neben dem Bett stand, nahm den Edelstein an mich und hielt ihn fest. Seine Energie war sofort spürbar, kraftvoll und dabei ganz leicht, sie floss in meine Hand. Allerdings hatte ich immer noch Angst. Trotzdem beruhigte mich der Stein mit seiner Kraft. Mit dem Rosenquarz in der Hand und meinem Buch fest im Arm schlief ich nach Stunden endlich ein.

Ich spürte, wie der Rosenquarz noch in meiner Hand pulsierte, als ich meine Augen am nächsten Morgen wieder öffnete. Scheinbar hatte ich ihn die ganze Nacht nicht losgelassen. Das Bettlaken war zwischen meinen Beinen eingeklemmt. Die Nacht hatte an mir gezerrt, und das magische Gefühl, das ich bei meiner Ankunft erlebt hatte, war von Angst überschattet. Wieder die Angst … Mir kam es vor, als füllte mein Herzschlag mit seiner Lautstärke die ganze Hütte. Ich versuchte, ruhig weiterzuatmen. Obwohl mein Körper noch zitterte, stieg dennoch allmählich Erleichterung auf.

»Ich habe es überstanden«, flüsterte ich.

Langsam stand ich auf und ging nach draußen. Es dämmerte, ich hörte Frösche quaken. Die Natur hatte mich wieder! Ich atmete tief ein und lächelte leicht. Doch schon beim Duschen wartete die nächste Überraschung auf mich. Ich musste lange warten, bis der kleine Boiler das Wasser erhitzt hatte. Wo war ich hier nur gelandet? Als ich endlich die richtige Temperatur eingestellt hatte, war das Wasser auch schon wieder kalt. Schnell spülte ich mein Haar aus. Zitternd vor Kälte zog ich mich an. Allerdings nahm ich auch eine wohltuende Energie auf meiner Haut wahr, wohl ein netter Nebeneffekt der kalten Dusche, es fühlte sich stärkend an.

Als ich kurze Zeit später wieder an dem magischen Ort ankam, zog mich der türkisfarbene See wieder sofort in seinen Bann und mich überströmte eine wunderbare Ruhe und Verbundenheit. In diesem Moment stand alles still, ich war wieder hier. Behutsam hielt ich meine Füße in den See. Das eiskalte Wasser ließ über meine Fußsohlen eine noch tiefere Ruhe und Liebe in meinen Körper einfließen. Alles schien zu vibrieren. Ich nahm den Rosenquarz und hielt ihn ins Wasser. Sofort schoss ein weiterer Energiefluss in meine Hand, der sich gleichzeitig friedvoll anfühlte. Kein Gedanke, keine Angst, nur Stille und Natur, alles war gut. Tränen der Verbundenheit rollten über meine Wangen, erinnerten mich an die schmalen Wasserfälle, die ich gestern gesehen hatte.

Während ich noch im Wasser stand und Fische um mich schwammen, fuhr ich mit dem Rosenquarz über meine Arme, Schultern, Bauch und Beine bis zu meinen Knien. Die heilsame Energie, mit der der Stein aufgeladen zu sein schien, verband meinen inneren Energiefluss mit den Spuren, die der Stein auf meiner Haut hinterlassen hatte. Langsam blitzte die Sonne über der Bergkuppe auf und brachte den See zum Glitzern. Immer noch war alles um mich herum ganz still. Ich lief langsam am Ufer entlang in Richtung Fluss. Ganz bewusst und behutsam setzte ich einen Fuß vor den anderen. Der Energiefluss in meinem Körper wurde stärker und leichter. Gleichzeitig spürte ich eine Schwere in meinen Armen, die überraschend angenehm war. Lächelnd balancierte ich wippend auf den Steinen und Ästen, die am Rand des Pfades lagen. Meine Arme schwangen wie Flügel. Als ich an einem Schaukelstuhl ankam, legte ich mich hin, ließ mich von der Sonne anstrahlen und lauschte dem fließenden Wasser. Mein Körper vibrierte immer noch und ich fühlte und fühlte und fühlte …

Eine Ewigkeit lang kam kein Gedanke, noch nicht einmal an die letzte Nacht. Später legte sich wie von selbst meine Hand auf mein Herz. Ich fühlte mich geborgen. Nach einer Weile las ich noch mal die Zeilen von Chris, dachte an seine Worte, wie es für ihn beim ersten Mal hier an diesem Ort gewesen war. Und jetzt war ich hier und durfte den Energiefluss der Liebe, Verbundenheit, Ruhe und Geborgenheit ebenfalls erleben. Ich nahm mein Buch und schrieb und schrieb und schrieb …

Ich beschrieb den tobenden Fluss, die kleinen Wasserfälle, die aus dem Felsen kamen, meine Wahrnehmung der Schmetterlinge, Fische, Vögel, des Sees und der Blüten. Anschließend befasste ich mich mit der letzten Nacht und schon im gleichen Augenblick kam wieder die Angst. Doch durch meinen starken Energiefluss und die Nähe zu diesem Ort hatte die Angst plötzlich keine Chance mehr, ich fühlte mich richtig wohl und streichelte mit meiner Hand über die Arme, um den Energiefluss noch stärker zu spüren. Beim Einsetzen der Dämmerung machte ich mich auf den Rückweg. Der Himmel war ganz klar.

»Ein Gewitter erwartet mich heute Nacht zumindest nicht«, dachte ich erleichtert.

Ich nahm auf der Bank vor meiner Hütte einen Moment lang Platz und genoss den Abend, während der Sternenhimmel über mir leuchtete. Als ich müde wurde, stand ich auf und ging hinein. Ich wollte gerade die Tür hinter mir schließen, da sah ich sie. Und schrie.

»Mein Mut
ist größer
als die Angst!«

5. Der Mut

Eine schwarze, pelzige Spinne ruhte auf dem Türrahmen. Ich schrie und schrie und schrie. Ich konnte kaum begreifen, was in dieser Hütte alles passierte. Alles in mir zog sich abrupt zusammen. Das war ja noch grauenhafter als das Gewitter! Mein Geschrei schien die Spinne überhaupt nicht zu beeindrucken, sie blieb sitzen, bewegte sich nicht. Ich drehte mich weg und sprang auf mein Bett, lehnte mein Gesicht auf meine angezogenen Knie und weinte, während mein Körper immer stärker zitterte. Erst Minuten später ließ ich meine Knie los. Was sollte ich tun? Ich war hier in der Hütte gefangen. Die Spinne saß immer noch auf dem Türrahmen, ich konnte sie deutlich sehen. Vielleicht lebte sie nicht mehr? Es war meine einzige Hoffnung. Wacklig setzte ich meine Füße auf den Boden und ging langsam auf die Schlafzimmertür zu. Dort angekommen, hielt ich mich am Rahmen fest, um mich überhaupt auf den zittrigen Beinen halten zu können. Die Spinne bewegte sich nicht. Ihre schwarzen, kurzen Beine waren mit pelzigem Fell überzogen, ihr Körper hatte die Größe meines dicken Zehs, doch auf mich wirkte sie noch gewaltiger. Sie war die Dunkelheit, meine Dunkelheit. Alles um mich herum verschwamm, ich hatte Angst, mein Bewusstsein zu verlieren, und hastete schnell auf mein Bett zurück.

»Wie soll ich hier jemals wieder rauskommen?«, jammerte ich wieder und wieder.

Vor lauter Panik sah ich keinen Ausweg. Plötzlich erinnerte ich mich an die Worte von Chris.

»Wenn ich Angst habe, soll ich an meinen Mut glauben.«

Ob hier Mut ausreichte? Das bezweifelte ich stark. Doch was blieb mir sonst übrig? Ich setzte mich auf die Bettkante und pustete und pustete meinen eigenen Atem aus … Danach war mir immer noch etwas schummrig, doch ich spürte auch ein klein wenig Besserung. Mit halb zusammengekniffenen Augen sah ich zur Tür. Da saß sie noch!

Ich erinnerte mich, dass ich im Badezimmer einen Wischer gesehen hatte. So schnell ich konnte, sprang ich vom Bett, rannte ins Bad, fand den Wischer, drückte ihn an mich und lief wie in Zeitlupe zur Tür. Mein ganzer Körper zitterte. Mut, Mut, Mut, redete ich mir wie ein Mantra ein. Und dann, zur Spinne gewandt:

»Ich setze dich raus, du musst nur hier draufkrabbeln.«

Ob sie mich verstanden hatte? Fast hatte ich sie mit der breiten, weichen Fläche des Wischers erreicht, da flitzte die Spinne plötzlich in ihr Loch, das neben dem Rahmen lag. Ich erschrak, schnappte nach Luft, nahm den Wischer zurück und stützte mich auf seinen Stab. Meine Beine flatterten, bereit, jeden Moment nachzugeben. Bloß nicht ohnmächtig werden, befahl ich mir. Hier einfach hinzufallen und ihr hilflos ausgeliefert zu sein, war das Letzte, was passieren durfte. Ich schaute wieder über die Tür, die Spinne war zurückgekommen. Was tat sie da? Sie krabbelte zurück ins Loch, kam wieder hervor, krabbelte zurück … Das war zu viel für mich.

»Ich kann nicht mehr!«, keuchte ich.

Mehrere Male versuchte ich, sie mit dem Wischer zu erreichen. Vergeblich. Ich konnte mich nicht mehr auf den Beinen halten. Den Wischer fallen lassend, stolperte ich zurück auf mein Bett. Meine Atmung spielte verrückt: Mal war sie flach, dann wieder schnell und laut. Selbst der Versuch, mich mit meinem Rosenquarz zu beruhigen, scheiterte. Ich legte ihn trotzdem auf mein

Herz, das hastig gegen meine Brust trommelte. Jede Berührung einer Haarsträhne auf meiner Haut erschreckte mich und ließ mich aufzappeln. Mit jeder Sekunde, die verging, ging es mir schlechter. Der ganze Raum drückte mir die Luft ab. Ich wollte schon durch die kleine Luke klettern, wenn ich denn hindurchpasste. War das wirklich die Lösung? Etwas hielt mich zurück.

»Ich will nicht länger weglaufen«, dachte ich.

Ich sah den Rosenquarz in meiner zittrigen Hand an, bis mir eine Idee kam.

»Was ist das Schlimmste, was passieren kann?«, fragte ich mich und: »Wie wahrscheinlich ist es, dass sie ins Schlafzimmer reinkommt?« Dann fiel mir auf: »Es ist sehr wahrscheinlich. Denn es gibt keine Türen.«

Diese Worte versetzten mich erneut in Panik. Mein ganzer Körper war schweißnass, jede Faser angespannt.

»Und wenn sie hereinkommt, was passiert dann? Werde ich die Nacht überleben?«

In diesem Moment bemerkte ich, wie verzweifelt ich war und wie sehr mich mein Verstand im Griff hatte.

»Ich werde doch wegen einer Spinne mit pelzigem Fell nicht sterben, und vor allem nicht bei einer dieser Größe!«

Diese Erkenntnis half mir, ruhiger zu werden, gab mir den Mut, noch mal aufzustehen und nachzusehen. Mein Zittern beruhigte sich etwas, als ich langsam erneut auf den Türrahmen zulief. Die Spinne saß vor dem Loch, doch im Vergleich zu vorher schien sie um das Doppelte gewachsen. Wie konnte das sein? War es so, weil mir vorhin schummerig gewesen war? Ich musste weg von ihr, lief zu meinem Bett zurück und rollte mich auf der Matratze zusammen, die Knie bis zur Brust hochgezogen. Ich weinte und weinte und weinte ...

»Was passiert, wenn sie herkommt?«

Ich grübelte.

»Kann ich einfach so tun, als würde ich schlafen?«

Die wildesten Gedanken sprangen mir durch den Kopf.

»Im schlimmsten Fall kitzelt sie mich und ich werde lachen.«

Diese absurde Vorstellung half mir, mich zu beruhigen. Mir fiel eine Fortbildung ein, die schon ein paar Jahre zurücklag und in der wir unsere Fantasie benutzt hatten, um Ängste aufzulösen.

»Und ich ziehe ihr in meiner Fantasie Rollschuhe an, dann kann sie nicht zu mir hochkrabbeln.«

Dieser Gedanke ließ mich aufatmen. Ich war vor ihr geschützt, sie konnte mich nicht angreifen. Minuten vergingen, doch sie kamen mir vor wie Stunden. Mein Herz schlug ruhiger, auch meine Tränen hatten aufgehört zu fließen. Das Weinen hatte mich sehr müde gemacht. Wieder und wieder stellte ich mir die Spinne auf Rollschuhen vor, wie sie vergeblich versuchte, an meinem Bett hochzukommen …

»Und wenn ich morgen früh aufwache und sie mich nicht wachgekitzelt hat, ist alles gut.«

Diese Gedanken beruhigten mich zusätzlich und wäre die ganze Situation nicht so ernst, dann hätte ich über mein Verhalten lachen müssen.

Licht schien durch die kleine Luke, als ich meine Augen wieder öffnete. Ich war eingeschlafen! Sofort schrak ich hoch, drehte mich um. Mein Blick zur Tür verriet mir: Keine Spinne zu sehen, nicht auf dem Boden, nicht an der Decke, nicht im Bett. Erleichtert legte ich meinen Kopf wieder ab.

»Überstanden«, dachte ich.

Ich lebte. Allerdings war ich sehr erschöpft, obwohl ich einige Stunden geschlafen haben musste, es war bereits zehn Uhr. Ich nahm den Rosenquarz und legte ihn mir auf mein Herz, er gab mir Kraft. Danach stand ich auf, genau bedacht, wohin ich meine Füße setzte. Da entdeckte ich die Spinne über dem Türrahmen. Hatte sie die ganze Nacht dort verbracht? Ich wollte es gar nicht so genau wissen! Blitzschnell lief ich ins Bad, duschte kurz und würde dann diese Hütte verlassen … Als ich kurze Zeit später angekleidet unter dem Türrahmen hindurchmusste, hielt ich meinen Rucksack schützend über den Kopf.

»Tschüs, du Monster!«, rief ich der Spinne zu und lief ins Freie.

Im Auto auf dem Weg zum Kraftort spürte ich die Erleichterung, gleichzeitig fühlte ich mich kraftlos und leer. Doch als ich an dem magischen Ort ankam, änderte sich alles. Meine Gedanken an die Spinne stoppten sofort und ich nahm nur noch die Energie des Platzes in mich auf. Mein ganzer Körper richtete sich auf, während ich mit den Füßen im See stand, meinen Blick in die Sonne gerichtet. Wundervoll! Das eiskalte Wasser, das meine Füße umschloss, lud mich mit heilender Energie und Liebe auf. Innerhalb kürzester Zeit war ich in einem friedvollen Gefühl wie am Vortag angekommen. Diesmal erkundete ich ein neues Gebiet, das vom Fluss wegführte und mich auf einen großen Hügel brachte. Ich spürte jeden Luftzug, nahm jedes Knistern, jedes Rascheln, jeden Vogel wahr und hörte das Plätschern eines Baches. Gleichzeitig durchströmte ein zarter Energiefluss meinen Körper, von meinen Füßen bis zu meinem Kopf und in jede Zelle meines Körpers hinein. Meine Arme wurden durch den Energiefluss schwerer, sie fühlten und fühlten und fühlten … Ich erlebte jeden Moment, jeden Atemzug in dieser großartigen Energie. Erst als es dämmerte, fiel mir ein, dass ich wieder zur Hütte zurückmusste. Es gab keine andere Möglichkeit zum Übernachten, selbst der Gedanke, im Auto zu schlafen, war unrealistisch, denn es waren nachts nur zehn Grad.

Ich fuhr zurück, blieb jedoch so lange, wie es möglich war, noch im Freien. Wenige Meter von meiner Hütte entfernt befand sich ein kleiner Spielplatz. Ich fuhr mit der Seilbahn, drehte ein paar Runden, doch irgendwann blieb ich weinend darauf sitzen. Viel schneller, als mir lieb war, wurde es dunkel. Ich fröstelte … Während ich zur Hütte ging, atmete ich noch mal tief ein und aus und fasste all meinen Mut zusammen. Geduckt lief ich unterm Türrahmen durch, die Tür fiel hinter mir ins Schloss. Ich drehte mich um und sah auf. Da war sie wieder, die Spinne. Sie schaute mich an, als hätte sie auf mich gewartet. Ich merkte, wie ich wütend wurde.

»Zieh dir deine Rollschuhe an«, schimpfte ich.

Gleichzeitig war ich traurig. Warum hatte diese Kreatur solche Macht über mich? Wie konnte mich ein Tier so an meine Grenzen bringen? Es war doch gerade noch so schön gewesen am Kraftort. Warum konnte es nicht einfach so bleiben? Im Bett liegend rollte ich mich wieder ein und ließ meine Tränen fließen. Dann hielt ich es nicht mehr aus. Ich musste raus!

Gebückt machte ich, dass ich durch die Tür ins Freie kam, und lief über den Campingplatz. Es war stockdunkel. Niemand außer mir war zu sehen oder zu hören. Sofort spürte ich, wie die Natur atmete. Ich glich mich ihr an, sie führte mich und beruhigte mich mit jedem Schritt und Atemzug. Der Vollmond war umgeben von einem klaren Himmel, glitzernde Sterne beleuchteten die Landschaft vor mir. Dichte Blätter berührten einander, Vögel umkreisten die Bäume. Die faszinierende Energie brachte mich wieder in den Moment, in die Stille. Alles andere war unwichtig. Ich spürte jeden Schritt unter meinen Fußsohlen und merkte, dass ich lächelte. Ich hörte die Frösche wieder und folgte dem Geräusch, ging durch Sträucher, den Pfad entlang … Das Quaken wurde lauter und die Frösche empfingen mich schließlich an einem kleinen Teich mit einem Konzert, das schöner und kraftvoller nicht hätte sein können. Ich lachte aus vollem Halse, freute mich und spürte, wie mein Herz aufging. Die Frösche richteten mich innerlich auf. Mit ihrem Quaken im Ohr schaffte ich es, langsam zur Hütte zurückzulaufen und ins Bett zu gehen. Ich wusste plötzlich, dass ich jetzt würde schlafen können. Zum ersten Mal, seit ich die Spinne gesehen hatte, trat ich aufrecht wie eine Königin in die Hütte ein, schloss die Tür hinter mir und sah das Tier an:

»Gute Nacht, viel Spaß beim Rollschuhfahren!«

Allerdings verließ mich mein Mut, kaum, dass ich im Bett lag. Die Schritte zwischen dem Konzert der Frösche und der Hütte kamen mir wie eine klare Grenze zwischen der Welt von Verbundenheit und Kraft und der Welt von Schrecken und Angst vor. Ich konnte deutlich spüren, wie mich meine Kraft wieder verließ. Doch diesmal würde ich es nicht so weit kommen lassen. Ich hatte eine Idee! Ich öffnete die Luke – und da hörte ich sie. Die Frösche! Ihr energiespendendes Konzert war bis hierher zu hören. Ich atmete auf. Ihr zuversichtliches Quaken strömte durch das Fenster herein und füllte mich mit Mut, Verbundenheit und Liebe. Ja, so konnte ich schlafen. Und ich würde diese Nacht überstehen!

Als ich am Morgen erwachte, weil die Sonne auf mein Gesicht schien, spürte ich immer noch die wohlige Wärme der Nacht in mir. Wieder nahm ich meinen Rosenquarz, ließ ihn für einen Moment auf meinem Herzen liegen und atmete tief ein und aus. Es war das erste Mal, dass ich mein Schlafzimmer nicht nach der Spinne absuchte. Danach stand ich auf, lief auf den Türrahmen zu und da war sie. Die Wärme, die eben noch da war, verließ mich, doch ich konnte hier stehen und sie anschauen.

»Ja, ich habe Angst vor dir, doch die Macht über mich gebe ich dir nicht mehr!«, sagte ich zu ihr.

Tränen der Erleichterung rollten über meine Wangen und ich wusste: Auf mich wartete ein neuer Tag am magischen Ort. Nach einer kalten Dusche ging ich erneut aufrecht wie eine Königin durch die Tür, wenngleich ich Angst hatte.

»Mein Mut ist größer als die Angst!«, sagte ich mir wieder und wieder.

Ich war sehr stolz auf mich, als ich im Wagen saß und losfuhr. Während ich kurze Zeit später im Schaukelstuhl lag, tobte der Fluss wie wild, die Wasserfälle klatschten aus den felsigen Bergen in den Fluss hinein. Etwas hatte sich verändert. Ich schrieb in mein Buch, wie faszinierend, verbunden und voller Liebe diese

Tage waren. Ich konnte kaum begreifen, wie mich dieser Ort in den Bann zog und in eine so tiefe Präsenz brachte, obwohl ich so schlimme Nächte hatte. Ich schrieb und schrieb und schrieb … Dabei erreichte mich eine nie dagewesene Kraft, Wärme und Liebe. Als ich die Zeilen von Chris noch einmal las, musste ich lächeln. Ja, an diesem Ort hatte ich eine neue Welt erlebt. Dieser Ort machte es mir leicht, mich zu fühlen und zu genießen, was sich gerade zeigte. Ohne Chris hätte ich nie den Mut gehabt und die Nächte mit der Spinne wohl nicht so gut überstanden.

»Die Liebe ist hinter der Angst.«

Dieser Satz erschloss sich mir zwar noch nicht ganz. Daher schrieb ich weiter … Plötzlich fiel mir auf, dass ich ohne die Angst mein Erlebnis mit den Fröschen nicht gehabt hätte. Alles war wichtig im Leben, der Tag wie die Nacht, die Dunkelheit wie das Licht … Ja, ich war in meiner Angst und Dunkelheit gefangen gewesen. Doch jetzt, in diesem Moment, war alles hell, still und kraftvoll. In großen Buchstaben schrieb ich über die Seite:

»Zukünftig habe nur noch ICH die Macht über mich!«

Und ich musste lächeln.

»Meine Fähigkeit zu visualisieren, meine Kreativität und mein Mut haben mich durch die Nächte getragen!«, schrieb ich darunter.

Wow! Die Erkenntnis ließ mein Herz höherschlagen. Ich klappte mein Buch zu, schloss die Augen und lauschte dem Fluss. Dies war vorerst mein letzter Tag hier. Ein Gefühl sagte mir:

»Ich muss zurück zum Meer.«

Mittlerweile hatte ich richtig Hunger, denn ich hatte mich seit meiner Ankunft hier nur von Crackern, Oliven, Chips und Brot ernährt, die ich im kleinen Supermarkt gekauft hatte. Mein Magen knurrte fast wilder als das Toben des Flusses. Noch einmal nahm ich die Stille, den Duft und die vielen Eindrücke wahr. An meiner Hütte angekommen, ging ich wieder aufrecht hinein, packte meine Sachen und lud sie ins Auto ein. Zum Abschluss stellte ich mich direkt unter den Türrahmen.

»Tschüs«, sagte ich zu der Spinne. »Danke, ich habe jetzt keine Angst mehr vor dir!«

Erleichtert fuhr ich los. Mein Weg führte mich auf die andere Seite des Nationalparks, welcher direkt am Meer lag. Doch vorher holte ich mir eine Pizza, denn mein Hunger quälte mich. Ich setzte mich auf einen Baumstamm und kaute ganz bewusst jeden Bissen, schloss dabei immer wieder meine Augen. Ich war so dankbar für dieses Essen. Es schmeckte unglaublich gut. Danach lief ich durch den Sand. Das leuchtend türkisfarbene Meer empfing mich. Nichts konnte mich aufhalten. Ich sprang über den Strand, über kleine Baumstämme hinweg und spürte jedes Sandkorn, das meine Zehen berührte. Während ich den Rosenquarz ins Wasser hielt, ließ ich meine Füße vom Ozean umspülen. Er war anders als das Wasser am magischen Ort, doch seine Kraft war ebenso heilsam. Den Ozean zu hören und zu fühlen, ließ mich aufatmen. Die Wellen spielten sanft um meine Zehen, als würden sie mir zujubeln:

»Du hast es geschafft, Marie!«

Doch dann fing mein Körper plötzlich an zu zittern, ich sackte in die Knie und konnte mich nicht mehr halten.

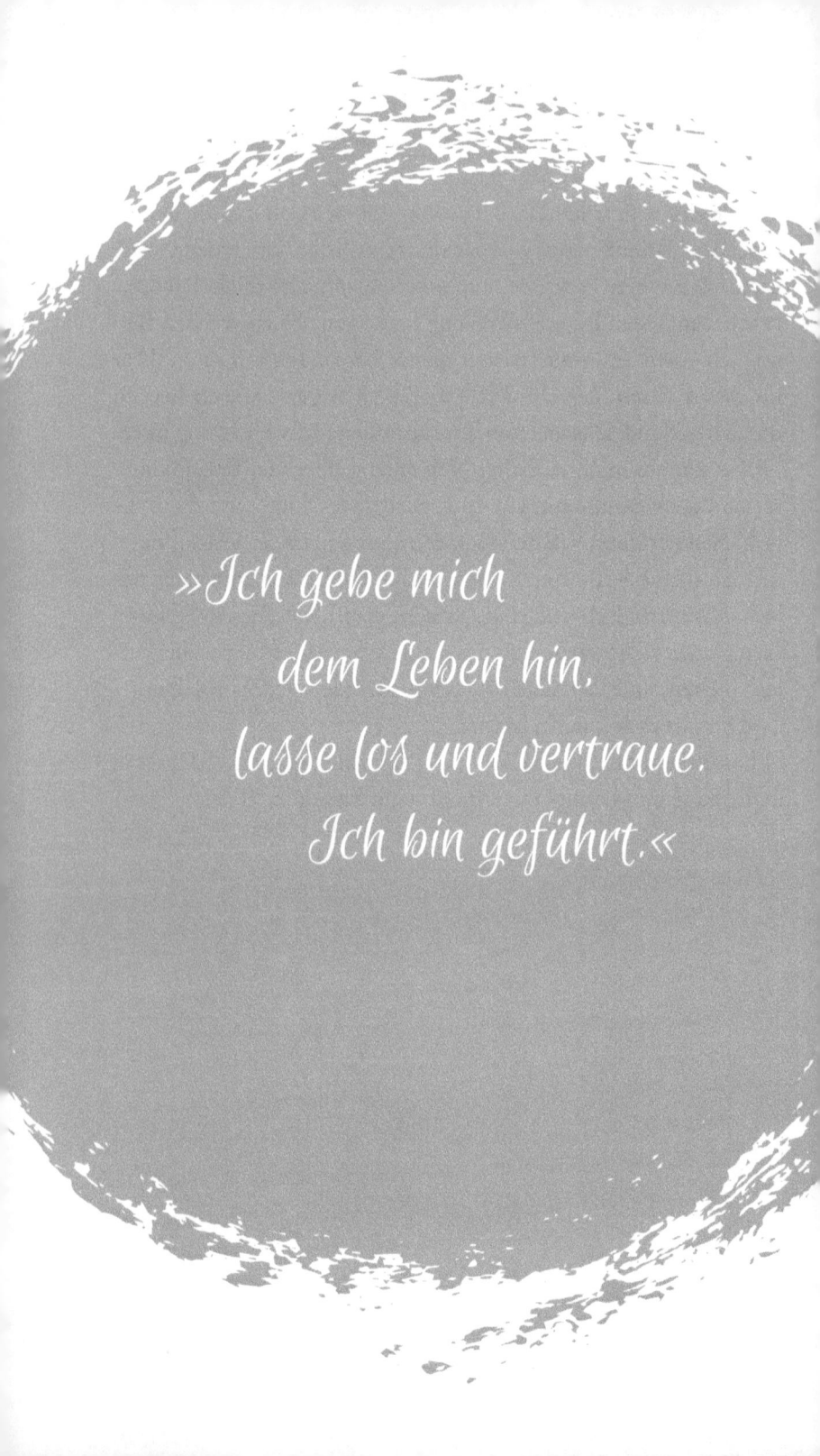

»Ich gebe mich
dem Leben hin,
lasse los und vertraue.
Ich bin geführt.«

6. Der Esel

»Ich habe mich von meiner Angst vor Spinnen geheilt!«, rief ich dem Ozean unter Tränen zu.

Ich lag im Sand. Überrascht von meinen eigenen Worten konnte ich kaum begreifen, was passiert war. Hatte ich den Kampf wirklich gewonnen? Während mein Körper noch vibrierte, spürte ich ein Wechselbad aus Erleichterung und Kraftlosigkeit. Doch ich fühlte mich auch leer, obwohl ich so stolz hätte auf mich sein können. Ich war müde, mehr noch, ich war erschöpft. Mein Körper wollte sich nicht bewegen und meine Muskeln schmerzten. Selbst der sanfte Energiefluss, den ich vom magischen Ort mitgebracht hatte, schien mich verlassen zu haben. Mit jeder Minute wurde ich verzweifelter. Mit letzter Kraft breitete ich meine mitgebrachte Decke aus und legte mich auf den Rücken, konnte aber nicht lange stillliegen und drehte mich auf den Bauch. Ich fühlte mich schwach und hilflos. Meine Gedanken spielten verrückt, ich begriff nicht, was gerade mit mir passierte.

Plötzlich spürte ich etwas Warmes im Rücken. Ich drehte mich um und erschrak, denn ich war gegen etwas Hartes gestoßen und der große Kopf eines Tieres beugte sich über mich. Ein Esel! Was machte der denn hier, mitten am Strand? Ich war mit meinem Fuß gegen sein Bein gekommen. Doch es schien ihn nicht zu stören. Unbeirrt stand er über mir und betrachtete mich. Sein großer Kopf und sein warmer Atem brachten mich ins Staunen. Ich wollte mich aufrichten, doch er stand zu dicht über mich gebeugt.

»Irgendwie bist du niedlich«, sagte ich zu ihm.

Erstaunlicherweise hatte ich keine Angst und konnte ruhig liegen bleiben. Er zeigte mir seine großen Zähne mit einem breiten Grinsen. Etwas Speichel tropfte aus seinem Mund und traf zum Glück nur meine Hand, nicht mein Gesicht.

»Ihhh, was machst du da? Das ist ekelig«, schimpfte ich entsetzt.

Als hätte er mich verstanden, machte er einen Schritt zurück, ließ mich aufstehen und folgte mir mit seinem sanften Blick. Ich lief zum Wasser, wusch meine Hände und näherte mich ihm langsam wieder. Meine Müdigkeit war wie weggeblasen. Er sah mich bedröppelt an, als hätte er meine Worte verstanden. Bedächtig streichelte ich ihm über den Kopf und schaute ihm in die Augen.

»Was machst du hier am Meer? Esel sind doch nicht am Meer, sondern in den Bergen.«

Er konnte natürlich nicht antworten, doch ich spürte, wie mich sein Wesen in seinen Bann zog. Ich ließ meinen Blick nicht von ihm und spürte, wie eine wärmende Energie in meine Arme strömte, über mein Herz und bis zu meinen Füßen. Der Esel wirkte ganz ruhig und dadurch wurde auch ich immer ruhiger. Mit seinen verträumten Augen zauberte er mir ein Lächeln ins Gesicht. Unsere Blicke trennten sich nicht. Er sah sehr klug aus. Ich konnte immer noch nicht begreifen, warum hier auf meiner Decke ausgerechnet ein Esel aufgetaucht war. Das glaubte mir niemand. Und warum kam er mir so vertraut vor? War es die Verbundenheit, die ich durch Chris kennengelernt hatte?

Ich war so im Moment, dass ich nicht bemerkte, wie die Zeit verstrich. Über eine Stunde war bereits vergangen, als ich endlich auf die Uhr sah. Es schien, als hätte der Esel meine Energie verändert. Meine Kraftlosigkeit hatte sich in Stärke verwandelt.

»Hast du mir diese Energie gegeben?«, fragte ich ihn, während ich ihm sanft über seine Ohren streichelte.

Das Meer begleitete uns mit ruhigen Wellen, die im Sand ausliefen. Zur Antwort riss der Esel sein Maul weit auf, schien mich anzugrinsen, löste seinen Blick aus meinem, schnappte mit seinem Maul nach meiner Decke und drehte sich damit um. Und lief mit meiner Decke los!

»He, was soll das? Warum klaust du mir meine Decke?«, rief ich ihm hinterher, als er Richtung der Berge über den Strand trabte.

So schnell es ging, packte ich meine Sachen, die in den Sand gefallen waren, in den Rucksack und lief hinter dem Esel her. Glücklicherweise war er nicht besonders schnell. Am Ende des Strandes führte ein Pfad durch eine Blumenwiese, dahinter tauchte eine Hütte auf. Dort wartete der Esel mit meiner Decke im Maul auf mich. Er schien wieder breit zu grinsen, ohne meine Decke loszulassen. Als ich bei ihm ankam, sah ich, wie sein linkes Bein zitterte. Ich schaute ihm in die Augen. Mein Herz wurde wieder angenehm warm, ich lächelte und spürte erneut unsere Verbundenheit. Mir fiel auf, dass er blaue Augen hatte. Das hatte ich noch nie bei einem Esel gesehen.

»Du bist ein sehr besonderes Tier. Und du möchtest mir etwas sagen, oder?«, fragte ich ihn.

Er lächelte wieder breit und trabte mit meiner Decke weiter. Diesmal ging ich neben ihm. Ich spürte, wie glücklich er war. Manchmal blieb er stehen und bewegte sich keinen Millimeter. Ziehen konnte ich ihn nicht. Ich musste mich in Geduld üben. Nach einiger Zeit verstand ich, stellte mich neben ihn und wartete, bis er weiterging. Ich folgte ihm blind.

»Ich lass mich von dir führen. Ich vertraue dir«, sagte ich zu ihm.

Ich war mir sicher, dass der Esel aus einem bestimmten Grund zu mir gekommen war. Mittlerweile war unser Weg zu einer gemeinsamen Wanderung geworden. Nach einer Weile hörte ich Wasser. Ich traute meinen Augen kaum, als wir die nächste Kurve passierten. Ein traumhafter Blick auf die nahen Berge erwartete uns. Direkt davor mündete ein Wasserfall in einen kleinen See, der von mehreren Felsen umgeben war. Die Farben des Wasserfalls waren unbeschreiblich, seine Türkistöne verschmolzen mit dem kristallblauen Wasser, welches den übrigen See einnahm. Ein paar Felsen lagen im Wasser und bereiteten den Weg, um den See überqueren zu können. Rechts vom Wasserfall kleidete eine wunderschöne Blumenwiese die Umgebung ein, links führten Treppen in einen großen Wald und führten hinauf zu den Bergen. Die kühlende Luft berührte meine Haut und erzeugte in mir ein weiteres Kribbeln. Die Laute des Wasserfalls gaben mir eine kraftgebende Energie, wie eine Flut, die mich wieder in eine tiefe Verbundenheit brachte. Mir rollten Tränen über die Wangen. Der Wasserfall war so kraftvoll und gleichzeitig beruhigend. Mein Begleiter ließ die Decke fallen, stupste mich an und lächelte. Während ich den Wasserfall plätschern hörte, legte ich meinen Kopf gegen sein Ohr. Seine Haare kitzelten mein Gesicht. Wieder spürte ich das Zittern in seinem Bein. Auf mich wirkte es wie ein Vibrieren.

»Danke, dass du mich hierhergebracht hast«, flüsterte ich ihm ins Ohr.

Schlagartig hörte das Vibrieren auf. Ich löste mich von ihm und sah, dass sein Bein nicht mehr zitterte. Von meiner Müdigkeit und Kraftlosigkeit war nichts mehr zu spüren. Die Kraft des Esels und dieses fantastischen Ortes brachten mich so sehr in meine eigene Präsenz und Liebe, dass ich noch nicht einmal bemerkte, wie jemand hinter mir stand.

»Hi, was macht ihr denn hier?«, hörte ich eine Frauenstimme fragen.

Ich erschrak und drehte mich um. Eine zierliche Frau stand vor mir, sie strich mit ihrer Hand ihre gewellten Haare aus dem Gesicht. Als ich sie mit offenem Mund anschaute und nicht antwortete, wiederholte sie ihre Frage:

»Was machst du hier, und vor allem mit einem Esel?«

Ich zuckte mit den Schultern.

»Ehrlich gesagt, ich weiß es nicht. Der Esel hat mich hierherge-
führt. Ich war am Strand. Mir ging es nicht gut. Da kam der Esel,
hat meine Decke geklaut und mich hierhergebracht«, erklärte ich
ihr. »Ich bin ihm einfach gefolgt. Merkwürdig, oder?«

Die Frau lachte.

»In der Tat! Aber es gibt hier nichts, was es nicht gibt!«

Sie streckte die Hand aus.

»Hi, ich bin Connie. Ich wohne hier in der Nähe.«

Ich nahm ihre Hand und schüttelte sie.

»Ich heiße Marie, schön, dich kennenzulernen«, erwiderte ich.

Connie lächelte mich an. »Wollen wir uns setzen?«

Wir nahmen auf einem der Felsen Platz und hielten die Füße in
den See.

»Du wirkst etwas durcheinander. Was ist passiert?«, fragte sie
mich.

Ich spürte, dass ich ihr vertrauen konnte. So, wie es auch bei
Chris von Anfang an der Fall gewesen war. In den nächsten Minuten erzählte ich ihr meine Geschichte und meine Reise an den
Atlantik. Ich beschrieb, wie es mir wieder und wieder am Strand
erging, sprach über Chris, auch von meiner Reise an den magischen Ort und wie ich mich dort gefühlt hatte. Zum Abschluss
erzählte ich ihr, wie ich vorhin im Sand zusammengebrochen war.
Connie hörte mir aufmerksam und geduldig zu.

»Wow! Wie mutig. Darauf kannst du stolz sein«, lobte sie mich,
als ich geendet hatte.

»Mutig? Stolz?«, fragte ich erstaunt. »Ehrlich gesagt, als ich vorhin im Sand lag, da dachte ich, ich hätte versagt. Ich …«

Connie unterbrach mich: »Warte mal. Hast du mir nicht gerade
erzählt, dass du dich deinen größten Ängsten vor Gewitter und
vor Spinnen gestellt und davon geheilt hast?«

Ich nickte.

»Na, dann finde ich, du solltest ganz schön stolz sein! Du hast
das alles ganz allein gemacht, das schafft nicht jeder!«, erklärte sie

mir. »Du bist eine sehr starke Frau.«

Ich musste tief Luft holen. Und plötzlich auch lächeln, denn ich verstand, was sie mir sagen wollte. Da hatte mich wohl wieder mein altes Streben nach Leistung eingeholt. Ich stand auf und streichelte den Esel, der die ganze Zeit über geduldig gewartet hatte. Ob er verstanden hatte, was ich Connie erzählte? Ich berichtete ihr von dem Zittern seines Beines. Connie machte große Augen.

»Marie, weißt du was?«

Ich sah sie fragend an. Sie wirkte ganz aufgeregt.

»Der Esel wird dein Krafttier sein. Ich lebe hier schon seit Jahren und habe noch nie einen Esel gesehen, vor allem nicht am Meer«, klärte sie mich auf.

Verdutzt starrte ich sie an.

»Krafttier? Was ist das?«, fragte ich irritiert.

»Krafttiere sind spirituelle Führer, die als Tiere in deinem Leben auftauchen. Sie geben dir Kraft, daher ihr Name. Sie begleiten dich bei deinen Lernaufgaben, die du in deinem Leben hast und die sich jetzt zeigen wollen. Du wirst ihn unbewusst gerufen haben. Er kommt nicht ohne Grund in dein Leben. Wenn du Kontakt mit ihm aufnimmst, kann er dich führen. Er kann dich inspirieren, dir Schutz und Sicherheit geben, dir bei deiner Heilung oder Lernaufgabe helfen«, erklärte sie mir, stand auf und streichelte das schöne Tier ebenfalls.

»Er ist echt niedlich«, sagte ich lächelnd, »aber wieso ausgerechnet ein Esel als Krafttier?«, fragte ich.

Connie musste das leichte Entsetzen in meinen Worten gespürt haben. Sie stoppte mich sofort.

»Esel sind nicht faul oder dumm, wie es viele denken. Der Esel nimmt dir deine Last ab. Er ist ein sehr kluges Tier. Er handelt überlegt. Manchmal bleibt er einfach stehen, ohne Grund«, beschrieb Connie.

Ich nickte, denn genau das hatte mich vorhin genervt.

»Der Esel bringt dich auf deinen Weg. Er zeigt dir, dass du dich auf deine innere Führung konzentrieren sollst. In vielen Kulturen wird der Esel als Symbol der Bescheidenheit, Demut, Widerstandsfähigkeit und auch des Durchhaltevermögens und Loslassens betrachtet«, fuhr sie fort.

Das alles hörte ich zum ersten Mal.

»Mein Krafttier … Deshalb kam er mir so vertraut vor«, sagte ich verträumt.

Connie schaute über den Rücken des Esels zu mir herüber.

»Darf ich etwas mit dir ausprobieren?«, fragte sie.

Meine Hände begannen zu zittern, ich gab ihr jedoch mit einem Nicken meine Zustimmung. Connie nahm meine Hand und bat mich, mich vor dem Esel hinzustellen und in seine Augen zu schauen. Zuerst zögerte ich, dann ließ ich mich darauf ein. Er sah so vertraut aus.

»Bleib mit ihm im Blickkontakt. Ich spreche dir eine Affirmation ins rechte Ohr. Das ist ein sogenanntes Mantra, das dir helfen wird, ihn als dein Krafttier anzunehmen. Wenn es für dich stimmig ist, sprich mir die Worte nach«, wies sie mich an.

»Der Esel nimmt mir die Last ab, die ich noch trage.
Er gibt mir die Kraft und Energie, die ich brauche.
Er zeigt mir meinen Weg. Ich bin im Urvertrauen.
Ich gebe mich dem Leben hin, lasse los und vertraue.
Ich bin geführt.«

Als ich ihre Worte langsam nachsprach, spürte ich, wie Tränen über meine Wangen liefen und ein warmes Kribbeln noch stärker als je zuvor durch meinen ganzen Körper strömte. Connie legte ihren Arm um meine Schulter, während ich dem Esel behutsam über sein Gesicht streichelte.

»Danke, dass du in mein Leben gekommen bist. Du gibst mir jetzt schon sehr viel Kraft«, sagte ich zu ihm.

Connie flüsterte mir die Affirmation nun noch einmal ins linke Ohr und ich sprach die Worte wieder nach. Anschließend wiederholten wir es, immer abwechselnd, bis ich jeden einzelnen Satz und seine Bedeutung dahinter spürte und in meinem Körper immer mehr Energie floss. Ich fühlte mich stärker und stärker. Unsere Blicke trennten sich nicht, ich sah seine klugen blauen Augen, die mittlerweile aussahen, als ob sie tränten. Jedoch waren es Tränen des Glücks.

»Danke, lieber Esel. Ich habe verstanden, warum du in mein Leben gekommen bist.«

Langsam lösten sich unsere Blicke voneinander. Er nickte mir zu, ging ein paar Schritte zurück und drehte sich um. Während er langsam in der Blumenwiese verschwand, stand ich wie angewurzelt da. Er war schon einige Meter entfernt, da drehte er sich noch einmal um und lächelte mich an. Er sah glücklich aus und ich war es auch. Ich hob meine Hand und winkte ihm zu. Er nickte dreimal und trabte weiter durch die Blumen. Als er weg war, legte Connie ihren Arm um meine Schulter.

Wir setzten uns und beobachteten, wie der Wasserfall mit seiner gewaltigen Kraft in den See prasselte.

»Was meinst du, kann ich darin baden?«, fragte ich sie nach einer Weile.

Ohne Zögern zog sie sich ihr Kleid über den Kopf und sprang in den See.

»Klar kannst du, komm!«

Sie winkte, bis ich meine Sachen ebenfalls ablegte und ihr folgte.

»Wow! Die Kraft im Wasser ist sogar noch viel intensiver«, rief ich. »Ich werde stärker!«

Ich hatte das Gefühl, als würde jemand meine Haut von innen streicheln. So etwas hatte ich in meinem ganzen Leben noch nicht wahrgenommen. Die Sonne strahlte auf uns und das kristallblaue

Wasser herab. Connie tanzte im Wasser um mich herum und feierte den Moment.

»Ich bewundere dich«, sagte ich. »Du lebst etwas, das ich auch immer gerne haben wollte. Leichtigkeit, Weiblichkeit, Lebendigkeit …«, zählte ich auf, was ich bei ihr fühlte.

Sie wollte mich zum Tanzen einladen, doch ich traute mich nicht. Es war mir etwas unangenehm. Nachdem wir uns auf meine Decke gelegt hatten, um uns von der Sonne trocknen zu lassen, fragte ich sie:

»Wie machst du das bloß?«

Sie lächelte.

»Weißt du, wenn du dich selbst siehst, wirklich in das Innere schaust, dann kannst du einfach leben und sein, wie du willst«, erwiderte sie.

Ich spürte, wie ich aufgeregt wurde.

»Das mache ich seit Kurzem«, berichtete ich ihr. »Ich versuche es zumindest. Sehr oft klappt es gut. Aber seitdem sehe ich auch häufig jede Menge Ängste.« Doch dann stockte ich plötzlich. »Moment! Da ist noch was! Ich kann mich jetzt viel besser fühlen«, berichtete ich ihr. »So gut wie jetzt habe ich mich zum Beispiel früher nie gefühlt. Mein Kopf ist inzwischen stiller und mein Fühlen wird lauter«, antwortete ich.

Ich war selbst etwas schockiert über meine Worte. Hatte ich das gesagt? Connie umarmte mich und ich spürte, wie nah ich ihr war. Ähnlich wie bei Chris konnte ich mich ihr ebenfalls öffnen.

»Es ist schön, wie du deine Gefühle erkennst. Weißt du, dass du die Verbindung zu dir selbst am besten in der Natur bekommst?«

Ich nickte und fragte sie:

»Wie hast du das alles geschafft?«

Connie lachte.

»Es war ein langer Weg.« Sie seufzte. »Mir hat die Verbindung zu mir selbst und zur Natur wirklich geholfen, mich anzunehmen, wie ich bin. Ich habe versucht, jeden Moment als das Wichtigste anzusehen, unabhängig davon, ob er leicht oder schwer war. Annehmen, was ist. Verstehst du?«

Ich nickte strahlend und sah zum ersten Mal, dass sie auch blaue Augen hatte, wie mein Krafttier.

»Das klingt toll«, sagte ich.

Wir atmeten tief ein und lauschten dem Klatschen des Wasserfalls, es hörte sich an, als würde er uns zujubeln.

»Was machst du sonst?«, fragte ich sie.

»Ich bin Guide für Bergwanderungen, Klettertouren, Canyoning und Rafting«, antwortete sie, »ich wohne hier in der Nähe und vermiete auch einzelne Apartments. Mich treibt es an, Menschen mit der Natur in die Verbindung zu bringen, ihnen zu zeigen, wie kraftvoll die Natur ist. Die äußere und auch ihre innere Natur. Besonders gerne bringe ich Frauen in ihre weibliche Energie und in ihre Selbstannahme.«

Ich war begeistert und wollte unbedingt mehr wissen. Und Connie erzählte:

»Meine Leidenschaft ist es, den Menschen zu zeigen, wie wichtig das Erleben aller Naturelemente ist. Ich gebe zum Beispiel Feuer- und Erdungsrituale. Krafttiere sind übrigens ein Teil davon«, berichtete sie lächelnd.

»Das hört sich alles total cool an«, antwortete ich. »Kannst du mir das mit der Weiblichkeit vielleicht zeigen?«, fragte ich vorsichtig.

Sie lachte.

»Das mit der Weiblichkeit? Das ist süß, wie du das sagst. Wie hättest du es denn gerne, schnell oder langsam?«

Ihr Lachen machte mich verlegen. Ich sah weg.

»Definitiv langsam«, murmelte ich.

Dann traute ich mich, sie wieder anzuschauen. Eine Idee war in mir entstanden.

»Ist bei dir zurzeit eine Wohnung frei?«, fragte ich sie.

»Ja, eine ist tatsächlich gerade frei. Direkt oben am Wasserfall.

Ich freue mich, wenn du mit zu mir kommst. Hast du im Moment keine Unterkunft?«

Ich schüttelte den Kopf:

»Ich bin von einem anderen Ort früher abgereist als geplant.« Sie staunte.

»Das zeigt mir wieder, wie mutig du bist«, lobte sie mich erneut.

So hatte ich das noch gar nicht gesehen. Als die Dämmerung einsetzte, gingen wir zu meinem Auto. Connie beschrieb mir den Weg in die Berge. Sie selbst würde zu Fuß hoch wandern. Ich sah mich noch einmal um. Dieser Ort war noch magischer als der Kraftort von Chris. Würde dies mein eigener Kraftort werden? Ich stieg ins Auto und fuhr los.

»Du bist wunderbar,
und zwar genau so,
wie du bist!«

7. Das Blumenpflücken

Als das Licht der Morgensonne meine Wangen küsste, waren meine quälenden Ängste der vergangenen Nächte wie aufgelöst. Ich streckte mich und legte lächelnd meine Hand auf mein Herz. Zufrieden genoss ich die nächsten Minuten in meinem kuscheligen Bett, bevor ich auf meine Terrasse ging. Das Apartment von Connie war wunderschön. Es war rustikal, schlicht und einladend eingerichtet und nur mit dem Nötigsten ausgestattet, doch genau das machte es so wertvoll. Die Berge waren um diese Zeit in ein sanftes Orange gehüllt, jeder Berg strahlte in seiner eigenen Schönheit. Ihre Energie war bis zu mir spürbar. In der Luft lag ein Konzert verschiedener Vogelstimmen. Auch sie waren jeder für sich einzigartig.

»Das ist Natur!«, kam es aus mir heraus.

Ich war überrascht, wie leicht es mir inzwischen fiel, ganz im Moment zu sein und auch mich selbst in meinem Alleinsein auszuhalten. Connie kam auf die Terrasse.

»Guten Morgen, Marie, hast du gut geschlafen?«

»Und wie!«, antwortete ich strahlend, während wir uns zur Umarmung begrüßten.

Beim gemeinsamen Frühstück machte sie ein geheimnisvolles Gesicht.

»Ich habe etwas für dich. Du wolltest doch in deine Weiblichkeit kommen, richtig?«

Ich nickte zurückhaltend. Was hatte sie vor? Und war ich wirklich schon bereit für dieses Thema? Connie ließ sich von meinem Zögern nicht abhalten. Sie zog drei unterschiedliche Fläschchen mit Nagellack heraus: ein knalliges Rot, ein helles Rosa und eine fast durchsichtige Farbe. Mein Blick sprach Bände.

»Wenn du möchtest, trage ich es dir auf die Fingernägel auf. Nur, wenn du möchtest! Du darfst dir eine Farbe aussuchen«, sagte sie.

Mein Zeigefinger richtete sich wie von selbst auf das knallige Rot.

»Oh! Du willst es also ganz genau wissen«, meinte sie lachend.

Ich holte tief Luft. Doch meine Wahl fühlte sich richtig an, obwohl es zunächst schwer war, diesen Schritt zuzulassen. Als Connie meine linke Hand nahm, schloss ich meine Augen. Ich genoss ihre sanften Bewegungen mit dem Pinsel auf meinen Nägeln, lächelte und spürte, wie ein warmer Wirbel durch mein Herz kreiste.

»Du hast schöne Hände, es sieht sehr gut aus«, sagte sie, als sie fertig war. »Schau es dir ruhig an!«

Ich öffnete meine Augen. Tatsächlich! Es sah wirklich gut aus, war allerdings auch gewöhnungsbedürftig. So hatte ich meine Hände noch nie wahrgenommen.

»Du kannst deine Finger ruhig bewegen. Der Lack ist schon trocken«, sagte Connie.

Wir lachten.

»Ich möchte auch etwas davon auf meine Füße machen. Darf ich?«, bat ich.

»Na klar, hier!«

Connie reichte mir den Nagellack. Ich holte noch einmal tief Luft. Was ich hier tat, war neu für mich. Seltsam. Für andere Frauen war es ganz normal … Oder etwa nicht? Ich war überrascht, wie gut ich es annehmen konnte. Für heute war es der richtige Schritt. Noch vor wenigen Tagen wäre es zu früh gewesen. Alles hatte seine Zeit. Connie sah mir freudig zu, wie ich meine Fußnägel bepinselte. Ich war etwas ungeübt darin, doch es machte Spaß. Wir lachten viel. Anschließend holte sie noch etwas aus ihrer Tasche, die sie dabei hatte. Es war eine schmale Flasche Wimperntusche.

»Wenn du magst, kannst du noch ein wenig davon auftragen, es wird deine Augen betonen. Und das ist wahrscheinlich auch schon genug. So bleibt deine Natürlichkeit bestehen«, erklärte sie mir.

Ich nickte und nahm die Wimperntusche entgegen. Connie hielt mir einen kleinen Spiegel hin. Sie war anscheinend perfekt vorbereitet, mir bei meiner Weiblichkeit zu helfen. Ich bewunderte sie dafür und auch für ihr Feingefühl, das sie an den Tag legte.

»Danke«, sagte ich und fing an, etwas Tusche auf meine Wimpern aufzutragen. »Du hast recht, das betont meine Augen und trotzdem bleiben sie sie selbst. Sieht gut aus!«, erwiderte ich.

Plötzlich fiel mir etwas ein.

»Warte kurz hier«, bat ich sie und lief rasch auf mein Zimmer.

Dort zog ich etwas an, das ich mit auf die Reise genommen hatte, auch wenn ich noch nicht genau gewusst hatte, wofür. Es war ein weißes Blümchenkleid. Vorsichtig wagte ich mich aus dem Zimmer, lief wieder zur Terrasse und stellte mich vor Connie hin. Mein Haar hatte ich über meine rechte Schulter gelegt.

»Wow, Marie!« Connie staunte. »Siehst du schön aus!«

Ich lächelte leicht.

»Ich trage fast nie Kleider«, gab ich zu. »Dieses hier wollte mit in den Koffer, auch wenn ich keine Ahnung hatte, wann ich es anziehen könnte.«

»Ich finde, du solltest viel mehr auf deine Intuition hören«, empfahl mir Connie. »Wie fühlst du dich selbst?«, fragte sie mich.

Ich antwortete ziemlich schnell:

»Ähm, noch ziemlich ungewohnt. Es fühlt sich gut an und es drückt kein enger Hosenbund mehr in meinen Bauch. Das ist sehr angenehm.«

Connie nahm mich bei der Hand.

»Komm mit.«

»Wohin gehen wir?«, fragte ich, als wir um das Haus herumgebogen waren.

Sie legte den Finger auf die Lippen. Und da sah und hörte ich ihn. Den Wasserfall. Ich machte große Augen.

»Du kannst von hier aus auf den Wasserfall schauen? Das ist ja der Wahnsinn!«

Connie nickte und freute sich sichtlich über meine Reaktion. Ich bemerkte, dass zwei Flüsse von oben in den Wasserfall mündeten, bevor das Wasser in die Tiefe stürzte. Wir liefen gemeinsam weiter und folgten einem Wanderweg durch den Wald.

»Ich erzähle dir mal ein wenig über die Weiblichkeit, wenn du magst«, bot sie an.

Ich nickte.

»Jeder von uns hat männliche und weibliche Anteile in sich, unabhängig vom Geschlecht. Ich erlebe immer wieder Menschen, die sehr leistungsorientiert sind. Die meisten leben eher die männliche Energie aus und lehnen die weibliche ab.«

Ich unterbrach sie.

»Ich will die weibliche Energie«, sagte ich und war mir ganz sicher.

Connie fuhr fort.

»Lass mich erklären, lehne jetzt nicht die männliche Energie ab. Beide Energien sind wichtig. Es geht darum, dass du sie lebst und keine von ihnen ablehnst.«

Mittlerweile waren wir mitten im Wald angekommen. Die kühle Energie von gestern war wieder da. Ich konnte sie spüren.

»Ich beschäftige mich viel mit Elementen. Feuer ist beispielsweise eine männliche Energie, der Mond eine weibliche Energie. Ich führe Transformationsrituale durch, in denen wir etwas, was wir loslassen wollen, auf einer Leinwand verbrennen. Das mache ich immer bei Vollmond. Bei diesen Ritualen sind immer beide

Energien vereint«, beschrieb sie mir. »Vielleicht hast du auch etwas, was du loslassen möchtest? In den nächsten Tagen werde ich wieder eines anbieten«, fügte sie hinzu und sah mich fragend an.

»Klingt spannend, warum nicht?«, antwortete ich.

Ich merkte, wie ich immer offener für neue Dinge wurde. Connie sprach weiter:

»Die Natur oder, besser gesagt, die Elemente Erde und Wasser sind weibliche Energien. Damit kannst du Zugang zu deinen Gefühlen bekommen, und so, wie ich das beobachte, hast du bereits einen guten Zugang. Mithilfe der Natur lernst du, dich zu erden, das ist wichtig, wenn du viel im Fühlen bist. Das Erden gibt dir Halt und Stärke«, erklärte sie mir. »Geduld hast du bereits mit deinem Esel kennengelernt. Das ist ebenfalls eine weibliche Energie, genauso wie die eigene Präsenz«, sagte sie augenzwinkernd.

Ich lachte. Auf einmal ergab so vieles für mich einen Sinn.

Als wir am Wasserfall ankamen, hob ich vorsichtig den Saum meines Kleides hoch. Wir liefen barfuß über die Felsen, um auf die andere Seite des Sees zu gelangen. Da war auch die Blumenwiese, der Ort, an dem mein Esel verschwunden war.

»Ich spüre noch jetzt, wie der Esel mir Kraft gibt«, flüsterte ich mit kleinen Tränen in den Augen. »In mir fließt eine kraftvolle Liebe. Ich spüre eine Hitze über meiner Haut, obwohl dieser Ort eine eher kühle Luft hat«, beschrieb ich.

Connie berührte mich.

»Du bist auch sehr warm«, bestätigte sie mir.

Ich lächelte und atmete tief ein und aus. Sie führte mich zu der Blumenwiese und bat mich, ganz bewusst die Erde unter meinen Füßen wahrzunehmen.

»Ich spüre jeden einzelnen Erdkrumen, kleine Äste und auch einige Grasbüschel«, beschrieb ich meine Empfindungen.

Mit meinen neuen rot lackierten Zehen versuchte ich, ein bisschen Gras zu greifen. Connie lachte und ich hatte Freude daran.

Mein Kleid hob sich leicht im Wind und ich spürte, wie ich über die Erde zu schweben schien.

»Fühle deine weibliche Energie, deine Schönheit. Alles an dir ist schön«, gab mir Connie zu verstehen.

Ich drehte mich im Kreis, breitete meine Arme aus, fuhr über einzelne Blumen.

»Fühlt sich das gut an!«, rief ich in Richtung des Wasserfalls.

Connie machte mit und wir tanzten leicht über die Erde und zwischen den Blumen entlang.

»So langsam spüre ich meine weibliche Energie im Inneren. Ich fühle mich sehr leicht und lebendig. Jetzt verstehe ich auch, warum es wichtig ist, die weibliche Energie von innen zu fühlen und nicht nur von außen. Auch wenn das Außen natürlich schön ist«, sagte ich freudestrahlend.

Ich blieb mitten in dem Blumenfeld stehen, schaute meine roten Fingernägel und anschließend mein Kleid an. Dabei hob ich mein Kleid an einer Seite kurz hoch und machte einen Knicks. Der Wind ließ mein Haar aufflattern. Ich nahm es behutsam wieder zusammen und legte es erneut über meine rechte Schulter.

»Genau darum geht es«, sagte Connie. »Von innen heraus die weibliche Energie fühlen und im Außen gepflegt sein und die eigene Schönheit ein wenig betonen. Das ist die optimale Kombination, um ganz natürlich deine Weiblichkeit zu leben«, erklärte sie mir.

Ich sah sie an.

»Ich kann jetzt erst richtig sehen, wie sehr ich in der männlichen Energie war. Das ist krass«, meinte ich. »Es ist mir überhaupt nicht aufgefallen, wie sehr ich die männliche Energie gelebt habe, weil ich so in meiner Leistung gefangen war«, fügte ich hinzu. »Ich frage mich, was da noch alles kommt und was ich jetzt noch nicht sehe«, sagte ich nachdenklich zu ihr.

Sie schaute mich liebevoll an.

»Ich habe es dir gestern schon gesagt, wie mutig du bist. Ich bewundere dich, wie schnell du dich auf dich selbst einlässt und dich fühlen kannst«, lobte sie mich. Dann lachte sie: »Und da wir gerade so schön in der weiblichen Energie sind, machen wir direkt damit weiter!«

Ich sah sie überrascht und auch etwas aufgeregt an. Was meinte sie damit? Sie lächelte und deutete auf die Blumen vor uns.

»Wir pflücken jetzt ein paar Blumen. Das ist pure weibliche Energie, wusstest du das?«, fragte sie.

»Ich pflücke doch keine Blumen!«, platzte es aus mir heraus. Connie lachte leise.

»Also, ich fange schon mal an. Du kannst dir überlegen, ob du mitmachen oder lieber hier stehen bleiben möchtest«, sagte sie.

Sie klang immer noch liebevoll, aber auch fordernd. Worauf wollte sie hinaus? Ich sah ihr nach, wie sie losging und ganz mühelos Blumen pflückte. Ich seufzte. Nach einiger Zeit bequemte ich mich auch zu den Blumen. Ganz langsam bückte ich mich und achtete darauf, dass Connie mich nicht sah. Es war mir unangenehm, doch ich schaffte es, zumindest eine Blume zu pflücken. Probier's noch mal, sagte eine leise Stimme in mir.

»Also gut«, dachte ich, wieder seufzend.

Was sollte schon passieren? Außer Connie und mir war ja niemand hier, der uns sehen konnte. Ich gab mir Mühe, die Blumen nicht einfach abzureißen, sie waren zu schön. Jedes Mal, wenn ich eine von ihnen pflücken wollte, kniete ich mich langsam zu Boden. Ich legte meine Hand oben auf die Blüte, spürte ihre Pracht, ihr Strahlen, ich sah ihre Schönheit, jedes Detail und ging langsam über den Stiel hinunter. Erst danach nahm ich sie vorsichtig aus der Erde. Erst eine gelbe, dann eine violette, eine grüne, eine rote Blume. So ging es immer weiter. Ich nahm den Duft und die Farben der Blumen intensiv wahr, während ich die Sträucher dazwischen sortierte. In diesem Moment dachte ich an nichts, ich war im Hier und Jetzt. Nach jedem Pflücken schaute ich die jeweilige Blume an, nahm sie ganz vorsichtig in die Hand und roch daran.

Ich steckte sie zu einem Strauß zusammen. Auf einmal war es mir überhaupt nicht mehr unangenehm. Ich genoss es, im Moment zu sein, und hatte gar nicht mehr darauf geachtet, ob Connie mich sah. Eine wärmende Energie floss über meine Arme und verteilte sich bis zu meinen Füßen, die sich wiederum mit der Erde verbanden. Eine ganze Weile später kam ich bei Connie an. Als sie meine Blumen sah, hielt sie ihre Hand vor den Mund.

»Wow, bist du kreativ! Du hast die Blumen total schön zusammengesteckt. Schau mal, meiner dagegen, der ist richtig klobig«, lachte sie.

Es schien ihr allerdings wenig auszumachen. Ich mochte ihren Strauß ebenfalls. Beide hatten etwas Einzigartiges.

Wir gingen durch die Blumenwiese bis zum Wasserfall, setzten uns und ließen die Beine in den See baumeln. Unsere Sträuße lagen neben uns auf den warmen Felsen. Der Wasserfall war mit seiner ganzen Energie zu hören und zu spüren.

»Blumenpflücken hat sehr viel mit Weiblichkeit zu tun«, wiederholte Connie. »Hast du schon mal beobachtet, wie sich ein Mensch freut, der einen Blumenstrauß geschenkt bekommt?«, fragte sie mich.

Ich überlegte kurz und nickte dann. Menschen strahlten, wenn sie einen schönen Strauß bekamen, auch wenn es nur eine einzelne Blume war. Ich erzählte ihr, wie präsent ich mich gefühlt hatte, als ich die Blumen ausgewählt hatte.

»Ja, auch unsere Präsenz hat viel mit weiblicher Energie zu tun«, erklärte mir Connie.

Als wir später spazieren gingen, fühlte ich meine Weiblichkeit immer besser.

»Danke, dass du das mit mir gemacht hast«, sagte ich.

Connie drückte mich fest an sich und schaute mir danach tief in die Augen. Ich spürte, dass sich meine Augen mit Tränen gefüllt hatten.

»Marie, du bist wunderbar«, erwiderte sie. »Und zwar genau so, wie du bist!«

Ich war dankbar für alles, was passiert war, nachdem ich Connie gebeten hatte, mir zu helfen. Was hätte sie wohl mit mir gemacht, wenn ich mich für die »schnelle« Variante entschieden hätte? Es war ja so schon alles sehr rasant verlaufen! Am Wasserfall hatte ich große Lust, in den Fluss zu gehen. Ohne lange nachzudenken, tat ich es und zog auch Connie hinein. Sie lachte und wir tanzten gemeinsam im Wasser, waren frei, leicht, lebendig und vor allem weiblich.

»Ich fühle mich in meiner Weiblichkeit voll wohl, yeah!«, rief ich, während meine Arme den Himmel berühren wollten.

Als die Dämmerung einsetzte, kamen wir gerade wieder zu Connies Apartments zurück. Ich traute meinen Augen kaum. Wer stand denn da?

»Chris?«, rief ich. »Was machst du denn hier?«

Ich lief zu ihm hinüber und blieb vor ihm stehen.

»Marie? Wow! Wie wunderschön du aussiehst!«

Langsam neigte ich meinen Kopf und lächelte Chris an. Mein Haar trug ich diesmal über der linken Schulter, in meinen Armen hielt ich den bunten Blumenstrauß. Er umarmte mich.

»Warst du das?«, fragte er Connie.

Sie nickte lachend.

»Ich habe ihr nur ein paar Dinge gezeigt, und Marie hat sich voll hingegeben.«

Ich wurde etwas verlegen, konnte es selbst kaum glauben, was in dieser kurzen Zeit alles passiert war. So sehr hatte mich meine weibliche Energie getragen. Aber am meisten überraschte mich noch etwas anderes.

»Ihr kennt euch?«, fragte ich.

Chris nickte.

»Ja, bei Connie habe ich Canyoning gelernt.«

»Und woher kennt ihr beide euch?«, fragte Connie interessiert. Dann verstand sie.

»Moment mal, ist das etwa der Chris, von dem du mir erzählt hast?«

Ich nickte lächelnd.

»Geht es dir gut?«, fragte ich ihn.

Er nickte. Seine Augen strahlten.

»Und dir offensichtlich auch! Deine neue Energie steht dir sehr gut!«

Mein Herz klopfte vor Freude bei seinen Worten. Behutsam bot ich ihm die Blumen an.

»Möchtest du sie haben? Ich möchte sie dir gerne schenken. Ich habe sie ganz bewusst gepflückt.«

»Oh ja, das sehe ich. Jede Einzelne ist wunderschön. Und zusammen sind sie ein Kunstwerk!«

Er freute sich riesig, was auch meine Freude noch verstärkte.

»Es ist mir in deinem Buch schon aufgefallen, und hier wird es noch einmal ganz deutlich«, sagte er.

»Was denn?«, fragte ich neugierig.

Ich hatte keine Ahnung, was er meinte.

»Deine Kreativität«, antwortete er. »Siehst du sie nicht?«

»Naja, es ist ein Blumenstrauß. Er ist schön geworden«, meinte ich. »Aber kann das nicht jeder?«

Connie war kurz ins Haus gegangen. Chris griff neben sich und hob den Strauß von Connie hoch.

»Siehst du diesen Strauß? Und deinen?«, fragte er mich.

Ich nickte. Ohne Connie unrecht tun zu wollen, war meiner tatsächlich sehr schön. Er wirkte bunt und gleichzeitig harmonisch. Jede Blume hatte ihren Platz. Ich stimmte zu.

»Danke«, sagte ich.

Connie kam mit ihrer Gitarre wieder heraus.

»Habt ihr Lust auf ein bisschen Musik? Später machen wir uns noch was Leckeres zu essen.«

Sie ließ ein paar Akkorde von Rockmusik-Stücken anklingen, die ich sehr mochte. Mein Herz fing sogleich an zu tanzen. Ich sah Chris lachend an. Und dann tanzte ich. Ich war frei, leicht, lebendig und weiblich. Chris applaudierte mir und auch Connie sah sehr zufrieden aus.

»Ich bin richtig,
wie ich bin.«

8. Die Wanderung

Am nächsten Morgen stand ich schon früh auf Connies Terrasse oberhalb des Wasserfalls. Ich beobachtete, wie das Wasser von den zwei Flüssen in den See mündete und anschließend in die Tiefe stürzte. Das Rauschen war deutlich zu hören. Es wirkte kraftvoll und gleichzeitig beruhigend. Die uns umgebenden Hügel, Blumenwiesen und Gräser reflektierten das zarte Rosa und Orange des Morgenhimmels. In der Ferne erkannte ich den Feldweg und die Hütte, an denen der Esel mich entlanggeführt hatte. Unten im Tal lag das Meer, auf dem die Sonnenstrahlen tanzten.

»Wow! Was für ein Ort.«

Ich sah zu Connie hinüber, die ebenfalls gerade nach draußen kam. Sie fuhr sich mit einer Hand durchs Haar. In der anderen hielt sie einen Becher mit Tee.

»Du hast den Wasserfall nah bei dir und kannst sogar auf das Meer schauen. Das ist Wahnsinn! Ich kann kaum glauben, wo du hier lebst. Ein Traum«, sagte ich.

Connie lächelte.

»Ja, das ist es, und ich bin dafür jeden Tag dankbar. Ich habe hier alle Naturelemente direkt vor meinen Füßen. Die Erde mit den Bergen und dem Wald. Das Wasser mit dem Wasserfall und dem Meer. Die Luft, die den Wind toben lässt oder die Wellen zum Aufsteigen bringt. Und abends sitze ich am Feuer, von der Natur umgeben«, erzählte sie.

Eine Weile genossen wir schweigend den Anblick des erwachenden Tages. Dann fragte mich Connie:

»Bist du bereit?«

Ich nickte aufgeregt. Heute stand meine allererste Bergwanderung an, auf die ich mich freute. Connie hatte sie mir gestern angeboten.

»Chris kommt nicht mit?«, fragte ich.

Denn er war bisher noch nicht aufgetaucht. Connie schüttelte den Kopf.

»Nein, er braucht hier meist viel Zeit für sich, kommt aber immer dazu, wenn ich ein Feuer mache oder sobald Wasser im Spiel ist, wie Canyoning«, erklärte sie mir.

Das verstand ich. Ich atmete noch einmal tief die kühle, kraftvolle Energie des Wasserfalls ein und spürte, wie sie sich in meinem Körper ausbreitete. Wir schnürten unsere Wanderschuhe zu und schnallten die Rücksäcke auf. Connie führte mich zunächst in einen dichten Wald, der auf einen schmalen Pfad mündete. Der Weg wurde sehr schnell steiler und nahm mir schon nach wenigen Schritten den Atem. Ich hielt an, die Hände auf den Hüften.

»Alles okay?«, fragte mich Connie, die sich zu mir umgedreht hatte.

»Du gehst ziemlich schnell, ich habe schon Seitenstiche«, antwortete ich.

»Kein Problem, wir gehen langsamer«, meinte sie. »Bist du wirklich noch nie auf einen Berg gewandert?«, wollte sie wissen.

»Noch nie! Nur größere Hügel, keine richtigen Berge«, beteuerte ich.

Wir liefen langsam weiter. So langsam, dass Connie nach ein paar Minuten sagte:

»Lass uns aufpassen, sonst laufen wir rückwärts!«

Es war ein Scherz und ich wusste, wie sie es meinte. Ihre trockene Art brachte mich zum Lachen. Connie schmunzelte.

»Du kannst die Kraft der Natur für dich nutzen. Sie kann uns viel über uns selbst beibringen. Ich zeige dir gleich einen Weg, wie du dir noch näherkommen kannst«, erklärte sie.

Vor uns lag ein Anstieg durch den Wald. Die Bäume zu unseren Seiten waren mit hellgrünen Blättern geschmückt, durch die sich das goldene Licht der Sonne brach.

»Pass auf. Hier kommt jetzt noch mal ein steiler Weg, der total verwurzelt ist. Das ist unser Fokus-Weg«, erklärte mir Connie.

»Fokus-Weg?«, fragte ich neugierig.

»Ja, so nenne ich ihn, du wirst gleich verstehen, warum. Wir gehen nacheinander hoch, jede für sich, ich laufe voran. Gehe in deinem Tempo, ich werde wahrscheinlich ein wenig schneller sein und nach der Kurve auf dich warten. Bleib du trotzdem ganz bei dir. Es ist wichtig, dass du die Natur spürst. Schnell anzukommen, ist unwichtig«, meinte sie und fügte noch hinzu: »Von wegen Leistung und so.«

Ich musste lächeln. Connie zeigte zu Boden.

»Bei jedem Aufsetzen des Fußes spürst du, wie deine Sohlen die Äste und Erde berühren. Du atmest tief ein und sprichst mit jedem Schritt einen Satz, der dich stärkt. Das nennt man auch Glaubenssatz. Hast du schon davon gehört?«, fragte sie mich.

Ich nickte.

»Gut. Vielleicht spürst du schon einen Satz in dir. Wir wollen ihn auf diesem Weg gemeinsam verankern und stärken. Unsere Sätze sollten mit ›ICH BIN‹ anfangen und bei jedem Schritt sagen wir ein Wort.«

Ich nickte und versuchte zu fühlen, ob schon ein Satz in mir wartete. Oh ja, ich wusste auf einmal ganz genau, welcher mein Satz war. Connie ging voraus. Ich begann mit meinem rechten Fuß. Als ich ihn absetzte, sprach ich laut »ICH.« aus. Dann setzte ich meinen linken Fuß ab:

»BIN.«

Im Anschluss rollte ich wieder meinen rechten Fuß behutsam ab und sagte:

»RICHTIG.«

Das fühlte sich toll an! Ich war begeistert und wiederholte die Schritte in Verbindung mit den Worten mehrmals.

»ICH BIN RICHTIG.«

Mit jedem Schritt spürte ich die Erde und die Verwurzelungen unter meinen Füßen. Ich hörte ein paar Vögel in den Bäumen zwitschern, ihre Melodie begleitete mich, und sogar ein Eichhörnchen kreuzte meinen Weg. Eine stärkende Energie floss über meine Füße sanft in meinen Körper. Ich fühlte den Satz inzwischen überall. Ich war der Satz. Mein ganzer Körper erlebte ihn in seiner Kraft. Ich hatte gar nicht gemerkt, wie langsam ich gegangen und wie steil es gewesen war. Connie konnte ich nicht mehr sehen. Dennoch hörte ich auf das, was sie gesagt hatte, und ging behutsam weiter. Als ich bei der Kurve ankam, sah ich, dass Connie auf einer Bank saß. Wir lächelten uns an.

»Nun hast du das Element Erde kennengelernt«, sagte Connie, als ich mich zu ihr setzte.

Vor uns floss ein kleiner Bach.

»Jetzt, nachdem ich den Weg gegangen bin, fühle ich mich sehr verwurzelt und verbunden. Danke«, sagte ich zu ihr.

»Schön, dass du dich so hingibst, dich auf die Natur und dich selbst einlässt«, lobte sie mich.

Nach einer kurzen Rast wanderten wir weiter, jede für sich in der Stille. Jedes Mal, wenn ein Bach zu sehen war, hielt ich an und wollte unbedingt meine Hände und Füße hineinhalten. Das Wasser war sehr frisch, es entspannte mich. Es gab viele Bäche auf dem Weg. Connie schien es nichts auszumachen, dass mein Innehalten uns im Weiterkommen ausbremste.

»Daran kannst du erkennen, dass du ein Wassermensch bist. Viele würden an den Bächen vorbeilaufen und sie gar nicht wahrnehmen. Deine Wahrnehmung ist sehr gut ausgeprägt«, meinte sie zu mir.

»Danke, das habe ich von Chris gelernt«, antwortete ich freudig.

»Früher wäre ich vermutlich auch vorbeigelaufen oder hier hoch gesprintet, weil ich die Erste sein wollte«, gab ich offen zu. »Heute ist es mir nicht wichtig, denn der jetzige Moment zählt«, fuhr ich fort.

Es kam wie von selbst aus mir heraus. Connie freute sich ganz offensichtlich über meine Worte. Sie erzählte mir mehr über die Macht und Kraft von Glaubenssätzen und dass diese mein ganzes Leben verändern können:

»Sie sind tief im Unterbewusstsein gespeichert und haben die Macht, dich in deine Selbstliebe zu bringen oder eben auch das Selbstbewusstsein zu reduzieren, je nachdem, ob es ein positiver oder negativer Glaubenssatz ist.«

Wir wanderten wieder in der Stille, bis mir ein Gedanke kam:

»Es hat mir gutgetan, in meinem Tempo zu bleiben und mich nicht mit dir zu vergleichen. Jetzt vergleiche ich mich nur noch mit meinem frühen Ich«, sagte ich und war selbst ganz erstaunt.

Sie sah mich an und nickte:

»Die Erkenntnis ist wunderbar. Und du lernst unglaublich schnell.«

»Findest du?«, fragte ich überrascht.

Ich war stehen geblieben.

»Mir kommen meine Entwicklungsschritte total langsam vor.«

Connie sah mich ernst an.

»Weißt du, letztlich kommt es auch gar nicht darauf an, ob jemand langsam oder schnell lernt. Jeder von uns hat seine eigenen Themen und sein eigenes Tempo. Ich wollte dir einfach ein Kompliment machen. Denn auf mich wirkst du, als wärst du dir selbst sehr bewusst. Und ja, vermutlich merkst du es selbst nicht, doch du veränderst dich sehr schnell.«

Ich freute mich, dass sie das sagte.

Wir machten immer wieder Pausen und genossen den Ausblick, scherzten viel miteinander. Ich kletterte auf Felsen, hüpfte darauf herum und manchmal balancierte ich auf Ästen oder Baumstämmen. Connie lachte mit mir. Zum ersten Mal fühlte ich: Ich bin richtig, wie ich bin. Und ich erkannte auch noch ein ganz neues Gefühl:

»Mir kann nichts passieren. Alles ist gut, so wie es ist. Um mich herum kann alles zusammenbrechen und ich bin immer noch richtig«, beschrieb ich Connie meine Wahrnehmungen.

Ich war selbst total erstaunt, welche Worte ich wählte. Doch genauso fühlte es sich an. Connie strahlte.

»Das ist so toll! Ich fühle deine Energie! Du hast ein sehr großes Energiefeld in dir.«

Ich spürte den Impuls, mich selbst umarmen zu wollen, und tat es auf der Stelle.

»Wow!«, sagte ich. »Alles pulsiert. Ich fühle zum ersten Mal wahre Liebe zu mir selbst. ICH DARF SEIN«, sagte ich mit geschlossenen Augen.

Nach einiger Zeit löste ich die Umarmung und sah Connie an. Sie nahm meine Hand.

»Marie, das ist so schön anzusehen. Ich möchte dich dafür feiern. Du hast einen sehr großen Schritt in die Selbstliebe gemacht. Gratuliere dir!«

Wir tanzten, mitten im Wald, um uns herum flogen Vögel und begleiteten unsere Bewegungen mit ihrem Lied. Nach dem Tanzen stand ich aufrecht da, schloss meine Augen noch einmal, fokussierte mich auf meine Atmung und spürte den schnellen Puls vom Tanzen, der langsam ruhiger wurde. Ein paar Schritte weiter war ein Felsen. Mir kam eine Idee. Ich kletterte darauf und tat etwas, das ich noch nie getan hatte:

»Machst du ein Foto von mir?«

Connie lachte.

»Klar!«

Sie wollte schon zu ihrer Kamera greifen.

»Warte«, bat ich sie. »Ich muss dir noch sagen, dass ich das noch nie jemanden gefragt habe. Normalerweise finde ich mich auf Fotos nie hübsch, deswegen gibt es kaum Fotos von mir. Für viele Menschen ist es einfach, doch ich habe ein bisschen Angst davor«, gab ich zu.

Connie nickte.

»Ich freue mich und empfinde es als Ehre, dass du mich gefragt hast«, sagte sie.

Ich gab ihr mein Handy, denn ich wollte, dass sie meines nahm.

»Bist du bereit?«, fragte sie, wie sie es mich auch schon vor der Wanderung gefragt hatte.

Ich holte noch einmal tief Luft, spürte meinen Herzschlag und sagte: »Ja!«

Auf einmal lachte ich in die Kamera, richtete mein Haar und neigte meinen Kopf zur Seite. Es war aufregend.

»Ich weiß, dass ich mich noch nicht voll annehme, aber es ist ein erster Schritt, oder?«, fragte ich Connie in einer kurzen Pause.

»Es ist ein Riesenschritt, Marie!«, lobte sie mich und fotografierte mich weiter.

Ich merkte, wie ich immer mehr Freude dabei empfand.

»Es macht viel mit mir«, rief ich freudestrahlend hinaus, stand auf, hüpfte auf kleinere Felsen, auf Baumstämme, schaute zwischen Sträuchern hervor … Und sah zwischendurch immer wieder in die Kamera. Danach umarmte ich Connie.

»Danke, dass du mich fotografiert hast!«

»Gern geschehen.«

Connie lächelte.

»Bestimmt sind die Bilder wunderschön.«

Sie gab mir mein Handy zurück.

»Und jetzt sollten wir weitergehen. Wir wollen ja schließlich noch oben ankommen.«

Sie lachte und zeigte auf die Spitze des Berges.

»Ja, und das werden wir!«, sagte ich und war mir auf einmal ganz sicher. Wir liefen weiter.

Und dann war es auf einmal so weit. Wir standen oben. Vor uns erstreckten sich endlos Berge, tiefe Täler und Wälder, soweit unsere Blicke reichten.

»Hey, du hast zum ersten Mal einen Berg bestiegen!«, sagte Connie zu mir.

Ich nickte fassungslos. Eine befreiende Energie stieg in mir auf.

»Danke, dass du das mit mir gemacht hast. Ich kann kaum glauben, es geschafft zu haben«, erwiderte ich. »Wahnsinn! Ich fühle mich getragen und gleichzeitig frei, als könnte ich fliegen«, fuhr ich fort und breitete meine Arme weit wie ein Adler aus.

Connie freute sich und schien mich zu verstehen. Während der Wind um uns herum wehte, fiel mir auf, dass die anderen Berge in der Umgebung noch größer waren.

»Ich dachte, du bist mit mir auf den größten Berg gewandert?«, fragte ich erstaunt.

»Nein, das war tatsächlich der kleinste Berg«, antwortete Connie.

Wir konnten uns kaum halten vor Lachen. Als wir uns sattgesehen hatten, fragte Connie:

»Wollen wir aufbrechen?«

Ich nickte.

»Wo ist denn die Gondel?«, fragte ich.

Sie sah mich irritiert an.

»Welche Gondel?«

»Wir müssen doch wohl nicht den ganzen Weg zurücklaufen?«, fragte ich entsetzt.

Connie lächelte.

»Nein, ich habe was viel Schöneres für dich.«

Sie führte mich zu einer Lichtung, auf der so etwas Ähnliches wie ein Bob auf uns wartete. Dahinter stand ein zweiter. Der, den ich mir aussuchte, war gelbgolden. Ich war solch ein Gefährt noch nie gefahren und spürte kurz, wie sich mein Herz zusammenzog.

»Bleib einfach in deinem Tempo«, riet mir Connie auch hier.

»Das Tempo gibt doch dieses Fahrzeug vor!«, dachte ich erstaunt.

Doch ich beruhigte mich selbst, denn schließlich wollte ich ja
mir und meinem Leben vertrauen. Wir fuhren los und ich war
selbst überrascht, wie sehr ich die Fahrt genoss! Ich fühlte mich so
frei. Der Wind wirbelte durch mein Haar. Dazu der Blick auf die
Berge und das tiefblaue Meer im Tal … Es war atemberaubend.
Als uns der Schotterweg im Tal ausbremste, erkannte ich, dass
schon jemand auf uns wartete. Es war Chris. Er winkte uns zu.
Wir stellten beide unseren Bob ab und gingen über den Rasen, bis
wir die Blumenwiese erreichten. Den Wasserfall konnte ich schon
hören. Dabei merkte ich, wie viel intensiver ich diese Energie nach
der Wanderung wahrnahm. Sofort wollte ich hinlaufen und am
liebsten hineinspringen, doch Connie hielt mich zurück. Sie bat
uns, die Schuhe auszuziehen und unsere Füße fest in der Erde
neben der Blumenwiese zu verankern.

»Was hat sie vor?«, fragte ich mich.

Chris grinste.

»Darauf freue ich mich schon den ganzen Tag!«, sagte er.

Offensichtlich hatte er eine Ahnung, was jetzt folgen würde.
Connie freute sich darüber und ich wartete ab, was nun geschah.

»Ich leite euch durch ein Erdungsritual und werde ein paar
Fragen stellen. Ihr beantwortet sie jeder für sich, nur im Geiste«,
erklärte uns Connie, bevor sie anfing. »Atmet ein paarmal tief ein
und aus und nehmt wahr, wie eure Füße den Boden berühren.«

Wir atmeten und fühlten in unsere Füße hinein, jeder für sich.

»Jeder einzelne Zeh darf die Erde berühren. Spürt ihr die Verbindung zur Erde? Bleibt ganz bei euch«, leitete uns Connie weiter
an.

Mittlerweile hatte ich meine Augen geschlossen. Ich fühlte
mich tief verwurzelt und ließ die wärmende, vibrierende Energie durch die Füße in meinen Körper einfließen. Neben der tiefen
Verbindung zur Mutter Erde fühlte ich mich in diesem Moment

sehr getragen und geborgen. Die Erde unter meinen Füßen schien mich noch stärker werden zu lassen, sie hielt mich wie ein Magnet am Boden. Die Energie floss auf meiner Haut über den ganzen Körper in einer Kraft, die mich hielt.

»Ich stehe fest im Leben«, dachte ich. Zuerst die Wanderung und nun die Erdung, so eine Energie hatte ich vorher noch nie gefühlt. Connie führte uns weiter und bat Chris und mich, uns hinzuhocken und mit beiden Händen Erde aufzunehmen. Ich öffnete die Augen und tat, was sie sagte.

»Nehmt nun die Erde in den Händen wahr. Wie fühlt sie sich an? Welche Temperatur hat sie?«, fragte uns Connie.

Ich spürte in meinen Handinnenflächen, wie warm die Erde war. An einigen Stellen hart, an anderen weich, ab und zu spürte ich kleine Steinchen. Sie fühlte sich sehr lebendig und nährend an. Und wieder strömte eine feste, angenehme Energie von meinen Händen aus durch meinen gesamten Körper und vermischte sich mit der übrigen Energie. Ich fühlte mich, als könnte ich mich fallen lassen, denn ich würde gehalten werden.

»Wenn ihr bereit seid, schaut die Erde liebevoll an und bedankt euch bei ihr. Dann legt sie an einen Ort, der sich stimmig für euch anfühlt«, bat Connie uns.

Sie selbst ging mit ihrer Erde behutsam durch die Blumenwiese und legte sie auf einer dicken Wurzel eines Baumes ab. Chris und ich lächelten uns zu und folgten ihr. Sanft legte ich meine Erde ganz in der Nähe ab, strich mit einer Hand darüber und sagte:

»Danke, liebe Erde. Du gibst mir viel Halt und Geborgenheit. Du trägst mich. Du nährst mich.«

Nachdem auch Chris seine Erde abgelegt hatte, nahmen die beiden meine Hände, sodass wir im Kreis standen. Wir schauten uns in die Augen. Ich fühlte mich mit den beiden sehr verbunden.

»Ich habe schon erlebt, wie wichtig Wasser für dich ist und wie es dich stärkt«, sagte Chris. »Das hier ist eine sehr gute Ergänzung, um sich zu erden.«

Ich nickte zustimmend. Wir standen eine Weile ruhig beieinander. Dann sagte Chris zu Connie gewandt:

»Meinst du, sie ist bereit?«

Connie dachte kurz nach und schüttelte den Kopf.

»Noch nicht. Morgen ist Vollmond, lass es uns danach machen.«

Worüber sprachen sie? Was ging hier vor? Ich war neugierig.

»Sei nicht so ungeduldig, wart's einfach ab«, meinte Connie lächelnd. Ich war nicht ganz happy mit ihrer Antwort, doch es war nicht mehr aus den beiden herauszubekommen. Also gab ich mich zufrieden, umarmte sie und sagte:

»Danke für den wunderschönen Tag heute und dass ich durch dich diese Erfahrung machen konnte.«

Sie strahlte.

»Gern geschehen. Sei stolz auf dich.«

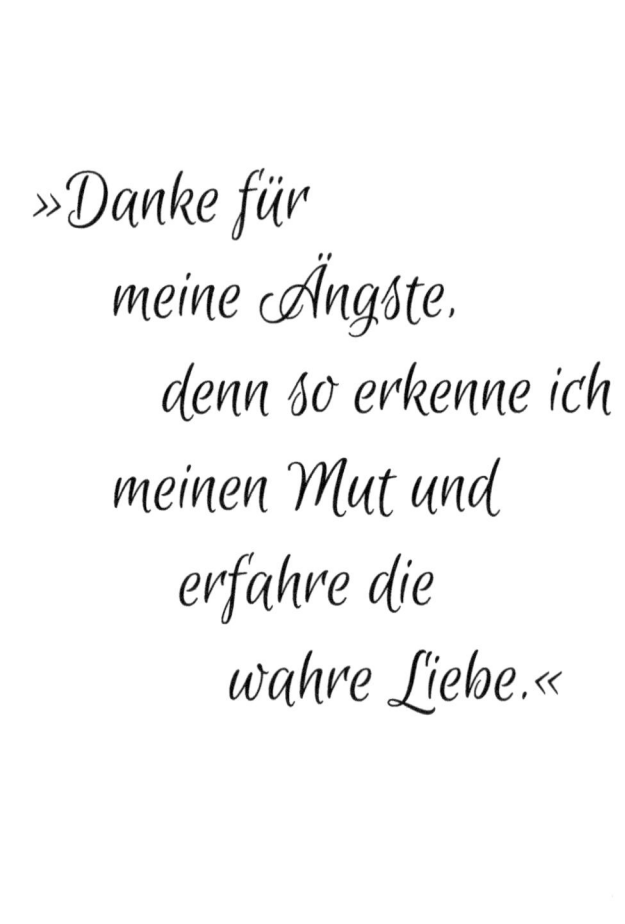

»Danke für
meine Ängste,
denn so erkenne ich
meinen Mut und
erfahre die
wahre Liebe.«

9. Das Feuer

Als ich am nächsten Abend an Connies Hütte ankam, sah ich, wie sie ein paar Holzstücke wenige Meter weiter zu einer Feuerstelle an den Strand brachte. Sie legte ihre Hölzer obenauf. Daneben lagen drei kleine Leinwände, Malstifte, Getränke, Marshmallows und eine Gitarre bereit. Ich war gespannt, was sie damit vorhatte.

»Hast du letzte Nacht gut geschlafen und einen schönen Tag gehabt?«, rief mir Chris zu, der bereits vor der Feuerstelle saß.

Ich nickte ihm begeistert zu:

»Oh ja, und ich habe den ganzen Tag am Meer verbracht. Im Wasser habe ich mich noch viel intensiver gespürt, ich wollte gar nicht mehr raus!«, antwortete ich ihm.

Mein Herz vibrierte sanft bei der Erinnerung daran.

»Du wirkst auch sehr ruhig, in deiner Mitte«, gab mir Chris zu verstehen.

Ich freute mich darüber und zeigte in Richtung Himmel. Der Vollmond schien bereits in seiner ganzen Pracht, umgeben von einem klaren, purpurroten Himmel. Die Horizontlinie wurde immer deutlicher sichtbar.

»Bereit für unser Ritual?«, fragte Connie.

Ich nickte und spürte, wie mein Herz vor Aufregung wärmer wurde. Ich ging zum gestapelten Holz und nahm ein Stück, um es in der Feuerstelle aufzurichten. Doch Chris zog mich weg.

»Nicht!«

Verdutzt drehte ich mich zu ihm.

»Was ist los?«

Er bemerkte, dass ich erschrocken war.

»Was das Feuermachen angeht, das ist Connies Ding«, klärte er mich auf.

Dabei lächelte er leicht.

»Ich versuche, mich schon seit Monaten durchzusetzen. Aber Connie möchte das nicht. Sie hat ein System, eine bestimmte Technik, wie das Holz liegen muss und wann Holz nachgelegt wird.«

Er lachte.

»Wenn du Glück hast, darfst du vielleicht ein Stück Holz nachlegen. Sie ist empfindlich, was das angeht.«

Ich starrte Connie an, wusste nicht, was ich sagen sollte. Sie sah uns beide an.

»Genauso ist es. Es hat hier alles System, da kommt mir keiner dazwischen. Das dicke Stück Holz liegt hinten quer, die etwas dünneren Hölzer liegen darüber und berühren sich oben mit der Spitze. Darunter muss Luft sein, damit das Feuer atmen kann, sonst erlischt es«, erklärte uns Connie.

»Siehst du, genau das meine ich«, sagte Chris lachend.

Ich grinste ebenfalls, aber Connie ließ sich durch uns nicht aus ihrem Konzept bringen. Mittlerweile brannte das Feuer lichterloh und sie setzte sich zu uns. Wir beobachteten, wie die Sonne am Horizont unterging und der Mond noch stärker sichtbar wurde. Für mich war der Sonnenuntergang mit seinen warmen Orangetönen jedes Mal ein besonderer Moment.

»Connie, darf ich mal auf deiner Gitarre spielen?«, fragte ich.

»Ja, klar«, erwiderte sie überrascht. »Das ist ja toll, dass du auch spielst.«

»Ein wenig, allerdings habe ich das letzte Mal vor Jahren gespielt und auch nicht besonders gut«, antwortete ich.

Nachdem Connie mir die Gitarre gegeben hatte, stimmte ich sie kurz und begann, eine meditative Melodie zu spielen. Dabei kam ich immer mehr bei mir an, in jeder Sekunde versank ich mehr und mehr, spürte die Vibrationen der Saiten und des Gitarrenkörpers in meinem Inneren. Alles war ruhig, ich war im Moment. Und ich spürte, dass es den beiden anderen genauso ging. Kein Gedanke in Sichtweite. Chris und Connie lächelten mir zu und Connie signalisierte uns, dass sie mit dem Loslassen-Ritual beginnen wollte. Durch meine Musik waren wir bereits in der richtigen Stimmung dazu. Wir hielten uns an den Händen, während sie das Ritual mit einer kurzen Begrüßung einleitete.

»Herzlich willkommen zu unserem Loslassen-Ritual. Wir sehen dich, lieber Mond. Wir sehen dich in deiner ganzen Vollkommenheit, wie du dich im Meer spiegelst, es ist wunderschön anzuschauen. Danke für deine Unterstützung beim Loslassen«, sagte Connie.

Wir schauten alle zum Mond hinauf in den Himmel. Dabei ließen wir uns Zeit. Langsam lenkte Connie dann unsere Blicke zum Feuer.

»Wir sehen dich, liebes Transformationsfeuer, wie du in Flammen aufgehst, wie du zwischen dem Holz atmest, wie deine Flammen lodern. Danke für deine Unterstützung beim Loslassen«, fuhr sie fort.

Wir ließen uns los, hielten unsere Hände vor das Feuer und öffneten sie leicht. Einige Minuten schauten wir gedankenlos hinein, bevor Connie zu unserer eigenen Begrüßung überging.

»Wir sehen uns, liebe Marie, lieber Chris und ich, liebe Connie. Wir sehen unsere Schönheit. Wir vertrauen dem Leben. Wir lassen uns führen. Wir öffnen uns für den Prozess. Ein Danke an uns«, sagte sie herzlich.

Wir formten unsere Hände zu einem Herz und lächelten uns liebevoll zu. Connie hielt kurz inne und ließ uns diesen Moment mit allen Sinnen erleben. Während über uns die Sterne im Nachthimmel leuchteten und das Meer mit seinen klangvollen Wellen den Strand umfing, begleitete uns das Feuer mit seinem Knistern.

»Liebe Marie, lieber Chris. Wenn ihr so weit seid, dann beginnt bitte das, was ihr loslassen möchtet, zu fühlen. Seid ihr bereit?«

Wir nickten. Ich fühlte, dass ich vollkommen bereit war, meinen alten Weg loszulassen. All die Masken, die ich trug, und die Leistung, hinter der ich mich versteckt hatte. Ich sah, wie ich war, und fragte mich innerlich:

»Wie kann es sein, dass ich so lange nicht hingeschaut habe?«

Connie ließ uns die Zeit, die wir brauchten, bevor sie weitermachte:

»Wofür war es gut? Versucht zu sehen, was ihr dadurch gelernt habt. Welche Erfahrungen habt ihr damit gemacht?«

Da spürte ich plötzlich die Schwere wieder, die ich schon zu Beginn meiner Reise gefühlt hatte. Sie stieg in mir auf und zerdrückte mir fast das Herz. Ich konnte nicht mehr stillsitzen, wollte aufstehen und umherlaufen. Da ich Chris und Connie nicht stören wollte, kniete ich mich hin und hielt mein Herz fest.

»Marie, was ist los? Deine Energie verändert sich«, fragte mich Chris leise und besorgt.

»Ich weiß nicht, warum ich erst jetzt sehe, wie ich mich hinter meiner Leistung versteckt hatte und was daran gut sein soll«, antwortete ich hastig.

Als ich mich zurücklehnen wollte, spürte ich, wie Connie bereits hinter mir stand und mich hielt.

»Beruhige dich. Alles ist gut, deine Reaktion ist ein gutes Zeichen, es gehört zum Prozess«, flüsterte sie mir ins Ohr. »Dein bisheriger Weg hat dich an diesen Platz gebracht mit allem, was dazugehört. Ohne diese Erfahrungen wärst du nicht hier. Es war bisher genau richtig für dich, dadurch bist du eine erfolgreiche Frau geworden«, versicherte sie mir.

Ich spürte ihre Kraft. Ihre Hände auf meinen Schultern schenkten mir Geborgenheit, sodass ich mich beruhigen konnte. Langsam ließ das drückende Gefühl in meinem Herzen nach. Während die Wellen des Ozeans immer lauter wurden, legte mir Connie ein rotes Armband um mein Handgelenk.

»Dein Krafttier trägt alles, was du nicht halten kannst. Lass dich von ihm führen. Dieses Band soll dich immer an deinen Esel und deine Kraft erinnern«, flüsterte mir Connie zu.

Als ich es betrachtete, entdeckte ich einen gelbgoldenen Anhänger mit einem Esel darauf und spürte sofort die Kraft. Ich erinnerte mich, dass er genau an dieser Stelle in mein Leben gekommen war, als er mir meine Decke geklaut hatte. Wir setzten uns langsam wieder ans Feuer und Connie erklärte, wie wichtig es war, vor dem Loslassen in die Annahme zu gehen:

»Wenn du ein Thema, eine Situation oder ein Gefühl nicht wertschätzt und nicht das Gute darin erkennst, lehnst du sie ab und nimmst sie nicht an. In diesem Fall funktioniert auch das Loslassen nicht. Dieser Teil des Prozesses ist wichtig.«

Ich lächelte und spürte die Kraft meines Armbandes.

»Seid ihr bereit anzunehmen?«, fragte uns Connie.

Wieder nickten wir ihr zu, auch wenn sich mein Kopf etwas zaghaft bewegte. Plötzlich kam es laut aus mir heraus:

»Meine Masken, die ich getragen habe, und meine Leistung, hinter der ich mich versteckt habe. Ich bin dankbar, denn ihr habt mich an diesen Ort gebracht. Ohne euch hätte ich nicht so viel gelernt. Danke für all diese Erfahrungen und den Schutz, den ich durch euch hatte. Jetzt kann ich euch in Dankbarkeit und Liebe loslassen. Ich werde euch heute dem Feuer übergeben, damit ihr weiterziehen könnt und ich meine Freiheit, meine Lebendigkeit und meinen Frieden leben kann.«

Als ich diese Sätze ausgesprochen hatte, veränderte sich etwas. Ich fühlte die Worte nicht nur, ich war sie. Während mich Chris und Connie überrascht anstarrten, kullerten Tränen über meine Wangen. Chris und Connie riefen ebenfalls ihre Themen dankbar ins Feuer. Drei Flammen loderten auf, als hätte das Feuer uns verstanden. Wir klatschten und lächelten uns zu.

»Das habt ihr toll gemacht«, lobte uns Connie. »Wollen wir weitermachen?«

Als wir zustimmten, reichte sie uns jeweils eine kleine Leinwand und die Malstifte.

»Jetzt ist es Zeit, kreativ zu werden. Marie, ich habe von Chris gehört, dass du deine Gefühle bereits mit Bildern in deinem Reflexionsbuch visualisierst. Dann wird dir das hier gefallen«, meinte Connie.

Ich grinste gespannt.

»Visualisiert das, was ihr loslassen wollt. Genießt dabei das knisternde Feuer, spürt den Sand unter euren Füßen, hört dem Meer zu und nehmt vor allem die Kraft des Mondes wahr. Nutzt alle Sinne, aktiviert sie, lasst alles in euch fließen«, empfahl sie uns.

Ich legte mich lächelnd auf den Bauch in den Sand und fing an zu malen. Chris und Connie beobachteten mich, bis sie es mir nach einigen Minuten gleichtaten und sich auch auf den Bauch drehten. Ich entschied mich dafür, die atemberaubende Umgebung zu malen. Den Vollmond, der von einem magischen Sternenhimmel umgeben war und sich im Meer spiegelte. Die Wellen, die den Strand küssten, das Feuer, das in drei Flammen aufloderte … und der Esel durfte auch nicht fehlen. Das war der Raum, der mich schützte. Auf dem Strand zeichnete ich den Felsen, der mein altes Leben gestoppt hatte.

»Danke, dass du meinen alten Weg aufgehalten hast«, schrieb ich daneben.

Auf dem Wasser zeichnete ich einen knallgelben Seestern. Er sollte darstellen, dass ich mich nicht länger hinter meiner Leistung verstecke. Stattdessen würde ich mich meinen Ängsten stellen und tief zu meinem wahren Kern tauchen. In einer Sprechblase stand:

»Danke für meine Ängste, denn so erkenne ich meinen Mut und erfahre die wahre Liebe.«

Meine Ängste hatten nicht mehr die Macht über mich wie noch vor einigen Wochen, das spürte ich deutlich. Über dem Feuer schwebte eine schwarze Maske mit der Schrift: »Danke für die Maske, die mich in der Zeit schützte, als ich nicht in meiner Mitte sein konnte.«

Sie stand dafür, dass ich mich lange versteckt hatte. Nun brauchte ich sie nicht mehr. In den vergangenen Wochen konnte ich ohne meine Maske mein wahres Sein zum Ausdruck bringen, zeigen, wie echt ich war, so wie ich es bereits im Beisein von Chris und Connie lebte. Zuletzt schrieb ich neben den Mond:

»Danke für den bisherigen Weg. Ich lasse in Dankbarkeit und Liebe meine Masken los, die ich getragen habe, und die Leistung, hinter der ich mich versteckt habe, um tief in mein wahres Sein zu tauchen, so wie der Seestern. Ich stille jetzt meine Sehnsucht nach Freiheit, Lebendigkeit und Frieden.«

Während des Malens und Schreibens spürte ich, wie eine befreiende Energie durch mich floss. Ich wischte ein paar Tränen weg, die sich ihren Weg gebahnt hatten. Es tat gut. Zufrieden schaute ich meine bemalte Leinwand an. In diesem Moment verstand ich, warum Annehmen und Loslassen zusammenhingen und wie wichtig Dankbarkeit und Wertschätzung dabei waren. Diese Erfahrungen zu machen, war ein Geschenk. Ich verstand den Weg nicht nur, sondern erlebte ihn. Und wie ging es jetzt weiter?

Ich sah, dass Chris und Connie mit ihrer Leinwand auch fertig waren. Während Connie den nächsten Schritt erklärte, setzten wir uns in einem Kreis im Schneidersitz um das Feuer herum. Dann nahmen wir uns an den Händen und schlossen die Augen. Jeder von uns erzählte, welches Thema wir loslassen wollten. Ich begann.

»Ich bin heute vollkommen und zu 100 Prozent bereit, meine Masken und meine Leistung loszulassen. Ich bin auch ohne Leistung ein wertvoller Mensch«, sagte ich laut und klar.

Nach mir sprachen Chris und Connie. Chris ließ das Thema »Bindungsangst« und Connie das Thema »Perfektionismus« los.

Ich war überrascht, dass die beiden auch Themen hatten. Sie wirkten auf mich, als ob sie alles in ihrem Leben gelöst hätten. Offensichtlich hat jeder seine Themen. Eine Weile saßen wir Hand in Hand um das Feuer herum und spürten unsere Verbindung zueinander. Ein geschlossener Kreislauf mit verbundener Energie. Dann ließen wir uns los und jeder sagte ein paar Worte zu seiner Leinwand. Chris und Connie hatten in schöner Schrift ihren Satz geschrieben, jedoch nicht viel gemalt. Beide sagten mir, dass sie mich für sehr kreativ halten. Ich hatte das bisher gar nicht so empfunden. Jetzt konnte ich sehen, was sie meinten. Kreativ sein, das war nicht immer nur Schönheit. Es konnten auch verrückte Ideen sein. Wichtig waren doch vor allem die Gefühle, die wir mit einer kreativen Arbeit ausdrücken wollten.

Wir legten die Leinwände vor dem Feuer in den Sand. Connie spielte ein Lied auf der Gitarre, während Chris und ich die Arme nach oben ausbreiteten. Als Connie fertig gespielt hatte, kam ich als Erste dran. Connie bat mich, meine Leinwand dem Feuer zu übergeben. Ich nahm mein Gemälde, hielt es in beiden Händen fest und betrachtete es noch einmal. Das Feuer war nur wenige Zentimeter von mir entfernt.

»Ich bin bereit, dich loszulassen. Ich habe dir so viel zu verdanken. Ich verabschiede mich jetzt von dir und lasse dich in Dankbarkeit und Liebe los. Ich übergebe dich dem Feuer und bitte um Transformation«, sagte ich.

Langsam gab ich die Leinwand in das Feuer. Dabei beobachtete ich, wie sich die Flammen durch mein Bild kämpften. Stück für Stück verbrannte alles, was ich gemalt hatte, bis nichts mehr davon übrig war. Chris und Connie legten ihre Arme um meine Schulter. Es fühlte sich wirklich wie ein Abschied an. Zeitgleich wurde das Meer wilder, die Wellen mussten jetzt schon meterhoch sein. Ich fühlte, wie mein Körper immer wärmer wurde und der Energiefluss in mir immer stärker. Gleichzeitig war ich befreiter als je zuvor. Wir warteten in der Stille, bis meine Leinwand verbrannt war.

Danach stand Chris auf und übergab sein Werk dem Feuer. Zum ersten Mal sah ich, dass auch Chris Tränen in den Augen hatte. Als es ebenfalls verbrannt war, übergab Connie ihre Leinwand dem Feuer. Wir hielten uns an den Händen und waren füreinander da. Nachdem alle drei Gemälde verbrannt waren, ließen wir uns los und Connie spielte noch einmal auf der Gitarre. Danach legte sie etwas Holz nach. Von den Leinwänden war nichts mehr zu sehen. Der Mond spiegelte sich immer noch im Meer. Nur die Wellen und das Feuer waren etwas kleiner geworden.

»Unsere Erfahrungen und Erinnerungen bleiben in uns«, erklärte Connie. »Die nicht mehr notwendige Energie wurde in ihren Ursprung, in das Universum, gesendet.«

Wir klatschten und freuten uns.

»Danke, dass ihr mich mitgenommen habt. Mir geht es richtig gut, ich fühle mich sehr befreit«, sagte ich dankbar.

Connie nahm noch einmal ihr Instrument und spielte ein paar Tanzlieder mit einem coolen Sound. Wir sangen und tanzten um das Feuer. Zwischendurch riefen wir:

»Ich bin befreit.«

Es war herrlich. Alles war so leicht, frei und wild. Ich war voller Lebendigkeit und spürte bereits jetzt schon die Veränderung. Ich hatte nicht gedacht, dass Annahme, Dankbarkeit und Liebe so wichtig waren, um wirklich loslassen zu können. Wir verbrachten den ganzen Abend am Feuer, tanzten, lachten, saßen in der Stille, unterhielten uns … Connie und ich wechselten uns mit der Musik ab. Zwischendurch hielten wir unsere Marshmallows ins Feuer. Sie waren ein Genuss, wie auch der Rest der Nacht. Alles durfte sein, es gab keine Probleme, wir lebten in diesem Moment. Für mich war das gigantisch, zum ersten Mal wirklich so frei zu sein. Als das Feuer kleiner wurde, wollte ich ein Stück Holz nachlegen. Connie stoppte mich mit einer Armbewegung.

»Ich habe es dir gesagt«, lachte Chris.

Ich machte einen Schritt zurück. Daran hatte ich gar nicht

mehr gedacht. Connie lächelte.

»Ja, da war doch noch ein kleiner Rest von Connies Perfektion.«
Sie winkte mich zu sich heran.

»Weißt du was, ich zeige es dir. Siehst du dort das dicke Stück
Holz? Es ist fast aufgebraucht, deswegen müssen wir erst die anderen Hölzer herunternehmen und ein neues dickes Holz hinten
querlegen«, erklärte sie.

Sie nahm zwei Äste, ergriff damit die anderen brennenden Hölzer und legte sie zur Seite.

»Jetzt du«, lud sie mich ein.

Ich strahlte und legte ein neues dickes Holz hinten quer. Danach nahm Connie die brennenden Hölzer und legte sie wieder
wie ein Zeltdach darüber zusammen.

»Jetzt kannst du noch zwei weitere, etwas dünnere Hölzer außen neben die beiden oberen Hölzer legen. Achte darauf, dass das
Feuer atmen kann«, sagte sie.

Sie klang jetzt schon viel liebevoller als vorher. Ich befolg-
te ihre Anweisungen. Sie war in ihrem Element, das war schön
anzuschauen. Chris beobachtete uns belustigt und auch berührt.
Connie holte ihren Fächer heraus, wedelte ein wenig und schon
brannte das Feuer wieder mit hohen Flammen.

»Ja, so bin ich eben«, sagte Connie zu uns. »Das gehört zu mir,
macht mir eben Spaß!«

»Ich bin beeindruckt, Connie«, erwiderte ich. »Du bist ziemlich
cool. Du stehst zu dir und dir ist nicht wichtig, was andere Menschen darüber denken. Ich bewundere dich«, fügte ich noch hinzu.

Connie nahm mich in den Arm und bedankte sich für meine
Worte. Anschließend sah sie mir tief in die Augen.

»Du kannst das auch, Marie. Du bist es schon und merkst es
nur nicht. Folge weiter deinem wahren Sein, wie du es schon tust.
Lasse dich führen und du wirst deinen Weg gehen, ohne dich von
anderen davon abhalten zu lassen. Du wirst für dich einstehen,
doch du darfst Geduld haben. Beginne mit kleinen Dingen, wie

ich mit dem Feuermachen. Der Rest kommt von ganz allein. Du hast mir deine Leichtigkeit schon beim Wandern gezeigt, behalte sie dir bei. Und deinen Mut, den du immer wieder lebst und der dich zum Wachsen bringt«, lobte sie mich.

Ich spürte, wie ich strahlte und ihre Worte tief in mir aufnahm. Wir blieben die Nacht über am Strand, feierten und tanzten. Wenn Connie uns ließ, legten wir Holz nach und philosophierten über das Leben. Ich fühlte, wie der Abend in mir arbeitete und mich befreite. Meine lang ersehnte Freiheit, Lebendigkeit und mein Frieden waren zum Greifen nah, so wie ich es mir zu Beginn meiner Reise gewünscht hatte. Dass meine größte Herausforderung erst noch kommen sollte, ahnte ich nicht ...

»Jeden Morgen
spüre ich die
Ruhe in mir
und wie ich
in meinem Körper
zu Hause bin.
Ich fühle mich
und die Stille
im Inneren.«

10. Der Sprung

Während ich mit dem rechten Fuß die nächste Einkerbung suchte, hielt ich mich mit meinen Händen an den rauen Steinen fest. Ich zog mich ein weiteres Stück nach oben, griff nach der nächsten Einkerbung. Als ich sie fand, schob ich meinen Körper hinauf. Ich sah den nächsten rot-weißen Pfeil und sofort wusste ich, dass ich auf dem richtigen Weg war. Obwohl mir die Schweißperlen auf der Stirn standen, war mein Geist klar. Meine Atmung ging rhythmisch, ich war fokussiert auf den nächsten Schritt. Meine Muskeln arbeiteten, bis ich einen kleinen Vorsprung erreichte. Ich drehte mich um, lehnte mich mit dem Rücken gegen den Berg, trank Wasser und schaute auf mein Armband mit dem Eselanhänger. Der Blick darauf gab mir Kraft und ließ mich tief durchschnaufen.

»Ich bin mutig. Ich bin im Vertrauen. Angst hat hier keinen Platz mehr. Ich habe die Macht über mich selbst«, pustete ich aus.

Mein Lächeln war bestimmt von überall zu sehen, doch ich war hier allein. Ich spürte, wie mich die Felsen hielten, auch wenn sie zurzeit meine größte Herausforderung waren. Ich wandte mich wieder dem Berg zu, holte noch einmal tief Luft und kletterte weiter hinauf. Inzwischen kamen meine Muskeln an die Grenzen, ich glaubte jedoch weiter daran, dass ich es schaffte. Plötzlich rutschte mein rechter Fuß weg und ein Stück Felsen brach ab. Ich hielt mich mit beiden Händen fest, blieb ruhig und atmete noch einmal tief ein. Mit einem letzten kraftvollen Zug erreichte ich den Gipfel. Ich rollte mich auf den Boden, legte meine Hände aufs Gesicht und lachte aus vollem Herzen. Kurz blieb ich liegen. Dann drehte ich mich auf den Bauch und stieß mich hoch. Auf den Knien sitzend, sah ich das Gipfelkreuz. Da war sie wieder, meine Kraft! Ich richtete mich noch weiter auf, bis ich auf beiden Füßen stand, riss meine Arme nach oben und sprang ein paarmal auf der Stelle.

»Ich bin leicht. Ich bin frei. Ich bin lebendig!«, rief ich hinaus in die Weite.

Überall Berge und Täler, so weit mein Auge reichte. Ich konnte mich kaum sattsehen. Es war großartig und ich machte mehrere Selfies von mir in alle Richtungen. Danach setzte ich mich auf den Rasen und schaute ruhig in die Umgebung, zu den anderen Bergen. Meine Atmung war tief und befreit. Eine wohltuende Energie streifte mein Herz und floss gleichzeitig kraftvoll durch mich hindurch. Ich war glücklich, denn ich hatte es geschafft, den Gipfel allein hinaufzuklettern! Als ich mich auf den Rückweg machte, sah ich außerdem den Berg, den ich gemeinsam mit Connie hochgewandert war. Er war winzig

»Ich darf auf mich und meine Kraft vertrauen«, dachte ich.

Chris und Connie warteten bereits an der Unterkunft auf mich. Sie hatten das Essen vorbereitet.

»Wo warst du?«, rief mir Connie zu.

Während ich ihr erzählte, wo ich war, unterbrach sie mich:

»Marie, du bist nicht etwa ganz allein eine schwarze Route hochgeklettert?«

»Doch, anscheinend!«, antwortete ich.

Ich hatte nicht gewusst, dass es eine schwarze Route war. Chris bekam seinen Mund vor Staunen nicht mehr zu. Connie war ebenfalls fassungslos.

»Wisst ihr was? Das hier ist pure Lebendigkeit. Nicht nur der letzte Abschnitt des Kletterns, jeden Muskel zu spüren, an meine körperliche Grenze zu gehen. Sondern alles bewusst im Hier und Jetzt zu erleben. Und darüber hinaus mit der Natur verbunden und geerdet zu sein«, ließ ich sie teilhaben. »Den gesamten Weg bis kurz vor dem Gipfel bin ich in meinem Tempo hinaufgewandert, ganz ohne mein Leistungsstreben. Ich erlebte den Weg. Nur im letzten Stück habe ich meine Leistung zugelassen und sie zum ersten Mal bewusst eingesetzt. Und das Beste war: Meine Angst hatte keine Macht über mich. Mir ist dabei klar geworden: Die wahre Freiheit und der wahre Frieden sind nicht die Freiheit und die Stille am Gipfel. Es ist das, was ich seit dem Transformationsfeuer jeden Morgen erlebe.«

Sie starrten mich an, darauf wartend, wie die Geschichte weiterging. Ich spürte förmlich, wie ich strahlte und mein inneres Licht zum Scheinen brachte, während ich weitererzählte:

»Jeden Morgen spüre ich die Ruhe in mir und wie ich in meinem Körper zu Hause bin. Ich fühle mich und die Stille im Inneren. Meine Tage sind hell und leicht geworden. In meinem Leben ist deutlich mehr Licht eingekehrt, wo doch seit Beginn meiner Reise alles so dunkel, voller Schatten und voller Angst war, je tiefer ich zu meinem Kern getaucht bin«, erzählte ich.

Chris und Connie lächelten mir zu und lauschten gespannt meinen Worten.

»Wisst ihr, jeden Morgen beim Aufwachen durchflutet mich eine friedvolle Wärme, meine Atmung fühlt sich dann immer sehr sanft an.«

Ich legte meine linke Hand auf meine Brust.

»In solchen Momenten wie jetzt ist in mir alles ruhig, keine Worte, keine Gedanken, einfach nur pures Sein. Ich nehme meinen Körper wahr, manchmal fast so, als würde ich spüren, wie mein Blut fließt. So wunderschön friedvoll. Heute früh brannte mein Herz wie ein Feuer der Liebe. Ich wusste nicht, was geschah, und ließ die Energie in alle Zellen fließen. Ich lag bestimmt 20 Minuten in einer Selbstumarmung und fühlte in meinen Körper hinein, wie sich der Frieden weiter in mir ausbreitete. So ein bewusster Start in den Tag. Und dann bin ich den Gipfel hinaufgewandert.«

»Wow, Marie!«, sagten Chris und Connie im Chor.

Und Connie fuhr fort:

»Jetzt ist sie so weit.«

Was meinte sie damit? Erwartungsvoll sah ich die beiden an. Connie stand auf, reichte mir die Hand und meinte:

»Na, dann lass uns mal testen, wie groß dein Vertrauen in dich wirklich ist und ob du so bei dir bist, wie du beschreibst.«

Sie zwinkerte mir zu. Ich vertraute ihr und ließ mich von ihr führen. Chris grinste verschmitzt. Er schien zu wissen, was jetzt passieren würde. Connie führte mich zum Wasserfall, bis hin zu der Stelle, an der die zwei Flüsse mündeten. Weiter unten sah ich das Meer. Die Sonne schien uns ins Gesicht. Wir standen jetzt direkt vor dem Wasserfall und konnten sehen, wie er in die Tiefe fiel. Sein Rauschen durchflutete mich regelrecht.

»Was schätzt du, Marie, wie hoch ist der Wasserfall?«

»Sieben Meter?«, riet ich.

Sie schüttelte den Kopf.

»Knapp daneben. Es sind 13 Meter«, antwortete sie lachend. »Wir springen jetzt da runter«, meinte sie.

Ihre Worte klangen, als würde sie sagen, dass wir gleich zusammen ins Einkaufszentrum fuhren. Sofort ging ich ein paar Schritte zurück.

»Niemals!«

Doch sie schien es ernst zu meinen. Ich spürte, wie sich mein Herz zusammenzog. Wo war mein Freiheitsgefühl? Mein Vertrauen? Alles war stattdessen eng. Ich zählte Connie auf, was alles passieren konnte. Chris und Connie sahen mich aufmerksam an.

»Siehst du, da ist deine Angst«, meinte Connie.

Sie und Chris setzten sich hinter einem Felsen ins Wasser.

»Komm her!«, riefen sie mir zu.

Ich setzte mich zu ihnen. Connie lächelte mich liebevoll an.

»Bist du wirklich bereit, den Umgang mit deiner Angst zu lernen und ihr keine Macht mehr zu geben?«, fragte sie.

Ich nickte und Connie fuhr fort.

»Du hast es heute schon beim Gipfelbesteigen erlebt und darfst es jetzt noch mal stärken.«

Ich starrte sie an und wartete auf das, was nun kommen würde.

»Eines wird dir dabei helfen: Du darfst dich selbst vollkommen lieben. Denn wenn du dich selbst vollkommen liebst, dann vertraust du dir noch mehr und kannst mit deiner Angst noch besser umgehen, als du es schon tust«, erklärte sie.

Ich schaute sie an. Dann suchte ich den Blick von Chris. Er schien mich beruhigen zu wollen, denn auch er lächelte mich sanft an. So kannte ich seinen Blick, vom ersten Moment an.

»Du darfst auch das hier in deinem Tempo machen, einen Schritt nach dem anderen«, sagte er.

Ich atmete ein paarmal tief ein und aus.

»Ich soll also den Wasserfall runterspringen«, murmelte ich.

Es war für mich so unvorstellbar, doch meine Atmung half mir, ein wenig ruhiger zu werden. Connie erklärte mir, dass es in der Nähe einen Canyoning-Park gab und dass dieser Wasserfall früher zur Route gehörte.

»Heute führt die Route nicht mehr hier durch. Chris und ich sind schon öfter hinuntergesprungen. Mach dir keine Sorgen.«

Sie meinte es wirklich ernst.

»Ich soll mir keine Sorgen machen?«, fragte ich.

Connie lächelte.

»Ja, weißt du, Angst oder, besser gesagt, Respekt davor zu haben ist gut.«

Sie sah zu Chris rüber.

»Du hättest mal Chris sehen sollen, als ich es das erste Mal mit ihm gemacht habe!«

Chris lachte nickend.

»Komm her, ich zeige dir ein Video von mir, als ich gesprungen bin«, lud sie mich ein.

Gespannt sah ich zu, wie sie oben am Wasserfall stand, die Arme ausbreitete und sprang.

»Du meine Güte, Connie, das ging echt schnell!«, staunte ich.

Einem Gefühl folgend, erhob ich mich schwungvoll. Wasser um mich herum spritzte auf.

»Ich bin bereit, in meine Selbstliebe zu springen und dem Leben zu vertrauen«, sagte ich überzeugt.

Dass die Worte so klar und kraftvoll aus mir herausgekommen waren, überraschte mich selbst. Ich atmete tief ein und aus, schaute auf das Meer und spürte die frische Brise auf meiner Haut. Chris und Connie beobachteten mich.

»Ich vertraue dem Leben. Ich bin bereit«, sagte ich noch einmal.

Und zu Connie gewandt: »Eine Bitte habe ich allerdings. Könntest du vielleicht als Erste springen?«

Connie nickte mir zu, ging ans Ufer, wo ihr Rucksack im Gras lag, legte ihr Handy hinein und stellte sich auf den Felsen, der direkt vor dem Fall lag. Dann sprang sie, ohne zu zögern, in die Tiefe. Ihr Körper war dabei ganz gerade. Unten spritzte das Wasser auf und umfing sie freudig. Alles war ganz schön schnell gegangen.

»Woohoo! Das ist so toll!«, rief sie, als sie auftauchte.

Ich traute meinen Augen kaum und bewunderte Connie sehr für ihren Mut. Gleichzeitig wurde ich plötzlich nervös. Meine Arme und Beine zitterten.

»Jetzt bin ich wohl dran?«, fragte ich Chris.

Er nickte lächelnd und begleitete mich zum Felsen.

»Atme tief ein und beim Ausatmen spring«, empfahl er mir. »Nimm dich selbst an und liebe dich, wie du es noch nie getan hast. Spring in deine Selbstliebe hinein, wenn du so weit bist.«

Ich nickte, atmete ganz langsam tief ein und tief aus und schaute noch mal auf mein Eselarmband. Es schenkte mir wieder Kraft.

»Nun gibt es kein Zurück mehr. Ich will es schaffen. Ich bin bereit und fühle den Sprung«, sagte ich.

»Marie, du schaffst es. Yeah!«, hörte ich Connie von unten aus dem Wasser rufen.

Ich schaute vorsichtig hinunter und sah, wie Connie mir hüpfend zujubelte. Danach richtete sich mein Blick auf das Meer, es war gigantisch. Während ich in die Weite sah und den Horizont erkannte, erinnerte ich mich an den Felsen an dem Tag, als Chris mich gerettet hatte. Plötzlich stieg eine ganz neue Kraft in mir auf. Meinen Körper aufrecht haltend, hob ich meine Arme zum Himmel. Ich stand hier in 13 Metern Höhe viel sicherer im Vergleich zu dem Felsen, der mich am Strandhaus gestoppt hatte.

»Ich bin gewachsen, mein Leben hat sich komplett verändert«, rief ich hinaus.

Alles stand still. Connie hörte ich nicht mehr, nur noch der Wasserfall begleitete mich.

»Ich bin vollkommen und zu 100 Prozent bereit, in meine Selbstliebe zu springen. Ich bin richtig. Ich vertraue dem Leben«, rief ich mir als Mantra laut zu.

Während ich noch einmal auf das Meer schaute, atmete ich tief ein und vor dem Ausatmen sprang ich los. Ein lautes »Woohoo!« begleitete mich, bis ich im Wasser versunken war. Als ich aus der Tiefe auftauchte, riss ich meine Arme nach oben und rief: »Yeah! Freeeeeiheeeeit! Lebeeeeendigkeeeeeit! Frieeeeedeeeeen!«

Connie war schon zu mir geschwommen und ich ließ mich von ihr abfeiern.

»Woohoo! Woohoo! Woohoo!«, hallte es neben mir.

Ich spürte, wie warme Tränen der Befreiung über meine Wangen flossen und sich mit dem kühlen Wasser des Sees vermischten. Mein Körper fühlte sich plötzlich so an, als wäre der Wasserfall in mir. Ich tauchte unter und wieder auf, sprang in die Luft … wieder und wieder. Einen Moment später machte es »Klatsch!« und Chris tauchte neben mir auf. Ich war so mit Jubeln beschäftigt gewesen, dass ich gar nicht darauf geachtet hatte, wo er geblieben war. Er lachte, nahm mich auf seine Schultern und warf mich ins Wasser.

Wir feierten unsere Sprünge und tanzten gemeinsam, als wären wir auf einer Party. Nach einiger Zeit schwammen wir zu den Felsen und setzten uns. Wie von selbst legte ich meine Hand auf meine Brust und nahm ein sanftes Gefühl von Liebe und Frieden in mir wahr.

»Das hier ist mein Kraftort, hier bin ich sicher«, kam es aus mir heraus. »Jetzt habe ich es verstanden, mein Kraftort ist in mir! Ich habe ihn immer dabei«, sagte ich verblüfft.

Es herrschte kurz Stille.

»Danke euch beiden, es hat wirklich noch mal etwas verändert«, sagte ich zu Chris und Connie.

Bis zum Sonnenuntergang feierten wir meinen Sprung. Ich vertraute mir und dem Leben. Und in diesem Moment verstand ich, warum die Liebe hinter der Angst ist. Immer.

Am nächsten Morgen wachte ich auf und spürte vollkommene Glückseligkeit. Das Geräusch des tobenden, kraftgebenden Wasserfalls drang bis zu mir ins Bett. Ich ging duschen und spürte, wie mich jeder Tropfen sanft berührte und reinigte. Nachdem ich mich abgetrocknet hatte, stand ich vor dem Spiegel und sah mir tief in die Augen … immer tiefer. Mein Blick wendete sich nicht mehr ab, jeder Moment wurde noch tiefer … Ich verlor sogar das Zeitgefühl. Ich sah meine Schönheit, ich sah meine Einzigartigkeit, ich sah meine wunderschönen blauen Augen, in denen sich Tränen bildeten. Ich ließ es zu und gab mir eine Umarmung, meinen Blick weiterhin tief hinein in mein Spiegelbild gerichtet.

»Ich sehe mich«, flüsterte ich mir selbst in die Augen.

Mein Energiefluss wurde plötzlich immer stärker, durch meine Arme ging ein starkes, angenehmes Ziehen, mein Herz bebte wie ein Feuerwerk, meine Oberschenkel vibrierten …

Einige Stunden später zog es mich noch ein letztes Mal zu unserer roten Bank, auf der anderen Seite der Insel, zu meinem Felsen, dorthin, wo alles begonnen hatte. Chris und Connie begleiteten mich an diesen Ort, um mich dort zu verabschieden. Als wir zu dritt auf der Rückenlehne der roten Bank saßen, schaute ich zu Chris:

»Ich möchte noch mal mit den Wellen atmen.«

Er freute sich darüber. Diesmal war ich in der Stille, legte meine Hand auf meine Brust und atmete mit der nächsten Welle ein, spürte, wie friedvoll ich war. Als die Welle brach und langsam auslief, atmete ich immer noch ein, denn so tief war mein Atem mittlerweile geworden. Die Ruhe, die ich damals bei Chris gesehen hatte, strömte nun ganz natürlich auch aus mir heraus. Es war unglaublich schön, wenn ich so bewusst den Moment erleben konnte, stellte ich fest. Anschließend sprangen wir ausgelassen im Sand umher. Viel zu schnell kam der Moment des Abschieds. Chris legte seine Hände auf meine Schultern und sagte:

»Bleibe ganz bei dir und wenn du spürst, dass du Zeit brauchst, nimm sie dir. Bleibe in deinem Sein, bleibe echt und in der Hingabe.«

Im Anschluss nahm Connie meine Hände und sagte:

»Handle immer aus dem Herzen, bleib in deiner Leichtigkeit und behalte deinen Mut.«

Ich lächelte und sagte:

»Danke! Ich bleibe im Vertrauen.«

Connie ließ mich nicht los und Chris stand mittlerweile hinter mir.

»Wir kommen dich am Ammersee besuchen«, versprachen sie mir.

Das freute mich sehr.

»Es kann auch mal sein, dass du Hilfe von außen brauchst«, fügte Chris noch hinzu.

»Uns geht es manchmal so. Connie und ich helfen uns gegenseitig. Wir sind Spiegel füreinander und zeigen uns unsere blinden Flecken. Connie ist oft in ihrer Lebensfreude und Leichtigkeit, sie ist immer sehr gut geerdet und macht unsere Feuerrituale und Canyoning«, sagte Chris wertschätzend.

Connie unterbrach ihn liebevoll:

»Danke, Chris, und du bringst immer die Ruhe zu den Menschen, bist sehr liebenswert und einfühlsam. Du kannst unglaublich gut mit Ängsten und einem hohen Energiefluss umgehen. Du machst tiefe, heilsame Meditationen«, fügte sie hinzu.

»Und du, Marie. Du bist kreativ, du kannst sehr gut visualisieren, du bist selbstreflektiert und intuitiv. Du weißt genau, was du gerade brauchst«, sagte sie zu mir.

Und Chris lobte mich:

»Du machst Komplexes greifbar und bist total schnell in deiner Veränderung. Du bist offen gegenüber Neuem und lässt dich voll darauf ein. Du bist mutig und fühlst dich, wie ich es noch nie bei jemandem gesehen habe. Du bist wie der Seestern, tauchst tief und heilst dich.«

Er sah Connie an.

»Wir ergänzen uns gegenseitig. Wenn einer von uns nicht weiterweiß und es alleine nicht schafft, dann sind wir füreinander da. Wir schreiben uns eine WhatsApp-Nachricht mit dem Zeichen ›SOS‹. Dann wissen wir, dass einer von uns Unterstützung braucht. Wir versuchen, uns immer in den nächsten Stunden zu helfen, wenn es möglich ist. Du passt total gut zu uns und ergänzt uns«, meinte er zu mir gewandt.

Er sah Connie kurz an und sie nickte voller Zustimmung.

»Wenn du uns brauchst, schick uns ebenfalls ein SOS-Zeichen, dann machen wir einen Videocall«, bot er mir an.

Ich war total überrascht und begeistert:

»Oh ja, gerne!«

Ich umarmte die beiden. Dann lief ich los. Ich musste es noch einmal tun! Ein letztes Mal sprang ich auf den Felsen, an dem alles begonnen hatte. Er stoppte mich diesmal nicht, im Gegenteil. Er hieß mich willkommen und trug mich. Was für ein wundervolles

Gefühl. Ich breitete meine Arme aus und rief voller Glückseligkeit:

»Freiheit! Lebendigkeit! Frieden! Das bin ich jetzt!«

Und ich hatte das Gefühl, dass die Wellen um mich herum, ja,
der ganze Ozean für mich applaudierten und für mich tanzten.

Über die Autorin

Corinna Geffert lebt in Herrsching am Ammersee, wo sie die Magie des Wassers, die Kraft der Natur und die Verbindung zu sich selbst neu entdeckt hat. Die Inspiration und Kreativität für das Schreiben erhielt sie am Atlantik, dort entstand ihre erste Buchidee.

Sie arbeitet seit über 20 Jahren in einem großen Konzern und war über lange Zeit von einem hohen Leistungsstreben geprägt, bis sie erkannte, dass dieser Weg allein sie nicht erfüllte. Mutig stellte sie sich den großen Fragen des Lebens und begab sich auf eine transformative Reise in ihre innere Freiheit.

Heute lebt sie mit sich selbst verbunden, in ihrer Leichtigkeit, Freiheit und kraftvollen Präsenz. Als diplomierter wertorientierter systemischer Gesundheits-, Resilienz- und Business-Coach (nach dem St. Galler Coaching Modell, SCM®) begleitet sie mit Leidenschaft andere Menschen dabei, in ihre Balance zu kommen und ein Leben in echter Verbundenheit und Leichtigkeit zu führen.

Corinna Geffert
Herrsching am Ammersee
E-Mail: coaching@corinnageffert.com